EDITORIAL

> An der Südwestküste sind die wilden, weiten Sandstrände häufig menschenleer.

*Die in Düsseldorf lebende Fotografin **Sabine Lubenow** war schon mehrfach für den DuMont Bildatlas unterwegs. Fotografiert hat sie u. a. die Bände Sizilien und Sylt.*

*Der Autor und Journalist **Andreas Drouve** startet von seinem Domizil in Pamplona (Spanien) häufig zu Recherchereisen auf der gesamten Iberischen Halbinsel.*

Liebe Leserinnen, liebe Leser!

Algarve – da denken viele erst einmal an malerische Buchten mit bizarren Felsen und kristallklarem Wasser, an Bootsausflüge zwischen Felstürmen oder in ausgewaschene Höhlen und Grotten. All das gibt es, aber es ist nur die eine Seite der Algarve. Im Osten der Küstenregion ziehen sich kilometerlange Sandstrände, an denen man meist sogar in der Hochsaison ein stilles Plätzchen findet. Wieder anders die Szenerie an der Südwestküste, an der Costa Vicentina und Costa Alentejana. Hier sind die wilden, weiten, dem Westwind ausgesetzten Sandstrände häufig menschenleer, ein Eldorado für Wassersportler. Die Algarve bietet den perfekten Strandmix!

Hot Spots für Aktive

Riesengroß ist das Sport- und Unterhaltungsangebot. In den Urlauberzentren Albufeira, Carvoeiro oder Lagos kann man die Nacht leicht zum Tage machen. Auch tagsüber gibt es eine Menge Alternativen. Ganz besondere Tipps hat unser Autor Andreas Drouve in der Rubrik „DuMont Aktiv" für Sie zusammengestellt (s. S. 5). Ans Herz legen möchte ich Ihnen die Bootstour auf dem Rio Guadiana: Das Boot gleitet durch eine ruhige Flusslandschaft, immer wieder ergeben sich prächtige Ausblicke (S. 39). Wer lieber per pedes unterwegs ist, teste einmal die Via Algarviana. Hinter dem Namen verbirgt sich ein Fernwanderweg, der über 300 Kilometer von Alcoutim bis zum Kap São Vicente führt, auch Teiletappen sind reizvoll! Alles Wissenswerte über den Trail erfahren Sie im DuMont Thema auf Seite 52 f.

Alentejo – noch ein Geheimtipp

Wirklich Ruhe findet man im Hinterland, im Alentejo, der erst ganz allmählich als Urlaubsregion entdeckt wird. Hier gibt es neben den Stadtschönheiten Beja und Évora nur ein paar kleine Dörfer und ansonsten nichts als Pinien, Olivenbäume und Korkeichen. Apropos Kork: Portugal ist weltweit der größte Produzent. Bis heute erfordert die Korkherstellung viel Handarbeit. Wie der Naturstoff gewonnen und bearbeitet wird, erfahren Sie im DuMont Thema auf Seite 106 ff.
Herzlich

Ihre

Birgit Borowski
Programmleiterin DuMont Bildatlas

40 Ob durchorganisiert oder naturbelassen: Zwischen Olhão und Albufeira ist jeder Strandtyp vertreten.

88 Entspannung pur für Stressgeplagte – Alternativtourismus in einem Bauerndorf im Hinterland

32 Die Algarve-Küche ist ehrlich und schnörkellos. Im Mittelpunkt stehen Fisch und Meeresfrüchte.

Impressionen

8 Portugals Süden mit seinen Sandstränden und Felsformationen ist längst kein Urlaubsgeheimtipp mehr. Die touristische Infrastruktur ist gut entwickelt, an der Küste wie im Hinterland. Und doch gibt es noch „echte" Fischer und authentische Märkte.

Östliche Algarve

22 **Sandiger Einstieg**
Zu den langen Stränden der Sandalgarve gesellen sich Inseln und Lagunen in der Ria Formosa.

DUMONT THEMA
32 **Ein Hausbrand und Atlantikschätze**
Fisch und Schalentiere sind die Klassiker der schnörkellosen Algarveküche.

36 **Straßenkarte**
37 **Infos & Empfehlungen**

Mittlere Algarve

40 **Tradition und Moderne**
Fischerflair auf Culatra, Highlife in Albufeira, und die Algarvehauptstadt Faro verblüfft Besucher mit ihrem historischen Zentrum.

DUMONT THEMA
52 **Der Trail bis zum Kap**
Für viele eine Überraschung: das Algarve-Hinterland als Wanderparadies.

54 **Straßenkarte**
55 **Infos & Empfehlungen**

Westliche Algarve

58 **Unter Felstürmen und Delfinen**
Bizarre Steingebilde sind die Aushängeschilder der Felsalgarve. Die Berge der Serra de Monchique schauen darauf herab, und im Westen schiebt sich das Kap São Vicente in den Atlantik.

Best of …   **UNSERE FAVORITEN**

20 **Paradies für Strandläufer**
Badebuchten zwischen Felsen, schäumender Atlantik, sonnendurchflutete Weiten – an der Algarve gibt es Strände wie Sand am Meer.

74 **Abtauchen in der Wohlfühloase**
Die Seele baumeln lassen, die Akkus aufladen, das geht in Wellness-Hotels besonders gut.

114 **Algarve mit allen Sinnen erleben**
Bunt, wimmelig, unverfälscht: Die Märkte der Algarve sind Alltagsleben pur.

INHALT
4 – 5

58 Am schönsten erkundet man die bizzarre Felsalgarve mit ihren Grotten und Höhlen vom Boot aus. Paradebeispiel: Ponta da Piedade.

DUMONT THEMA
106 **Für Fischernetze und Champagner**
Die Rinde der Korkeiche ist ein Material mit vielerlei Verwendungszwecken. Seine Gewinnung erfordert Geschick und Geduld.

110 **Straßenkarte**
111 **Infos & Empfehlungen**

Anhang

116 **Service – Daten und Fakten**
121 **Register, Impressum**
122 **Lieferbare Ausgaben**

76 **Straßenkarte**
77 **Infos & Empfehlungen**

Südwestküste

80 **Spektakuläre Kulisse**
Wind und Wellen ausgesetzt, sind Costa Vicentina und Costa Alentejana ein raues Naturidyll, frei von Trubel und mondänem Anstrich.

DUMONT THEMA
88 **Altes Dorf mit neuem Leben**
Das einst fast verlassene Bauerndorf Pedralva ist ein Musterbeispiel für Alternativtourismus.

90 **Straßenkarte**
91 **Infos & Empfehlungen**

Alentejo

94 **Weites, stilles Land**
Der Alentejo ist ein Land der weiten Horizonte. Die Besiedelung ist dünn, die Sehenswürdigkeiten liegen verstreut – für Entdeckungen ist ein Fahrzeug unerlässlich.

Genießen   Erleben   Erfahren

39 **Leinen los!**
Tagestour mit dem Ausflugsboot auf dem Rio Guadiana.

57 **Wasserwege durch die Natur**
Mit Kajak oder Motorboot unterwegs in den Naturpark Ria Formosa.

79 **Birdwatching**
Mit Fernglas und Teleobjektiv auf Vogelpirsch an der Lagoa dos Salgados.

93 **Brandungsritt für Anfänger**
Einsteigersurfkurs an der wildromantischen Praia do Amado.

113 **Touristischer Aufgalopp**
Reiterferien auf einem Landgut im Alentejo.

Topziele

Die bedeutendsten Sehenswürdigkeiten der Algarve sowie Erlebnisse, die Sie keinesfalls versäumen dürfen, haben wir auf dieser Seite für Sie zusammengestellt. Auf den Infoseiten ist das jeweilige Highlight als **TOPZIEL** *gekennzeichnet.*

ERLEBEN

1 Tavira: Die Mischung macht's in Tavira: der Rio Gilão, Flusspromenaden, historisches Zentrum, Kirchenpracht, viele Möglichkeiten zur netten Einkehr… **Seite 38**

2 Serra de Monchique: Auf dem Gipfel des Fóia oder des Picota liegt einem die Algarve zu Füßen. **Seite 78**

NATUR

5 Cabo de São Vicente: Um die wind- und wellengepeitschten Klippen des Kaps versinkt Europas Südwesteck im Atlantik. **Seite 79**

AKTIV

3 Ponta da Piedade: Auf Bootstour zu bizarren Felsgebilden und Meeresgrotten – ein Evergreen an der westlichen Algarve bei Lagos. **Seite 78**

4 Rota Vicentina: Auf dem Küstentrail hoch über den Klippen bieten sich faszinierende Ausblicke und eine vielfältige Vegetation. **Seite 92**

KULTUR

6 Igreja de São Lourenço: Eine Sturzflut aus blau-weißen Schmuckkacheln, dazu der Goldglanz des Hochaltars, das ist Kirchenbaukunst am Ortsrand von Almancil. **Seite 56**

7 Évora: Römertempel und Mauermantel, Kathedrale und Knochenkapelle – in der Altstadt von Évora begleitet die Geschichte auf Schritt und Tritt. **Seite 111**

8 Cromeleque dos Almendres: In einem versteckten Winkel des Alentejo verbirgt sich einer der eindrucksvollsten Steinkreise auf der Iberischen Halbinsel. **Seite 112**

Unter Möwen und südlicher Sonne

Am Strand ausspannen unter wolkenfreiem Himmel, ab und zu eine Abkühlung im Atlantik – manchmal möchte man die Zeit anhalten, damit der Urlaub nicht wie im Flug vergeht. So wie hier an Albufeiras „Fischerstrand", der Praia dos Pescadores. Wer in die oberen Bereiche des Ferienorts hinaufsteigt, wird mit einem Perspektivwechsel und einem herrlichen Panorama belohnt.

Hart verdientes Brot

Es gibt sie noch an der Algarve, die Fischer – wie hier am Strand von Armação de Pêra. Obwohl die Fischbestände geschrumpft sind und auch die Zahl der Fischer zurückgegangen ist. Die harte Arbeit wirft vergleichsweise wenig ab, doch wer das Meer liebt und die Tradition der Väter fortführt, kann einfach nicht davon lassen. Aus Sicht der auswärtigen Besucher ist das gut so, denn in den kleinen Restaurants an der Küste geht ja nichts über fangfrisches Meeresgetier!

Treffpunkt Markt

Wenn Portugiesen auf den Markt gehen, haben sie nicht nur Einkäufe im Sinn. Märkte, ob groß oder klein, ob in der Halle oder Open Air, sind zugleich soziale Treffs. Auch für Auswärtige haben sie stets ihren Reiz. Da gibt es Fisch, wie hier in Lagos, oder Gemüse aus eigenem Anbau, Honig direkt vom Imker, Gewürze, Knoblauch, Paprika, Ziegenkäse, Würste …

Kneipenbummel auf historischem Boden

Lagos atmet Geschichte. Schon vor 3000 Jahren hatten die Phönizier hier eine wichtige Handelsniederlassung. Zu römischer Zeit hieß die Stadt Lacobriga. Heute ist das Hafenstädtchen, nicht nur wegen seines stimmungsvollen Ortskerns, eines der beliebtesten Touristenzentren der Felsalgarve und ein guter Urlaubsstützpunkt.

Ferien für Bewegungsfreudige

Aktivurlaubern sind in Südportugal fast keine Grenzen gesetzt. Dabei muss es nicht immer die Küste mit ihrem Wassersportangebot sein. Im Hinterland gibt es herrliche Strecken für Mountainbiker und Wanderer – und manch gute Gelegenheit zu einem Ausritt für Pferdefreunde. Den Reitern im Bild kann man auf dem Landgut Herdade da Matinha im Alentejo nacheifern.

Sonnenparadies mit Felszusatz

Wenn die Sonne Klippen und Atlantik in warmes Licht taucht, geht einem an der Algarve das Herz auf. Klimatisch fühlt man sich hier auf der Sonnenseite des Lebens: Portugals südlichste Festlandsregion wird gern für ihren ewigen Frühling gerühmt. So ist die Algarve ein Synonym für Ferienfreuden und hält zudem vielerlei Abwechslung bereit. Wen mag es da wundern, dass viele Urlauber „Wiederholungstäter" sind?

UNSERE FAVORITEN

Die schönsten Strände

Paradies für Strandläufer

Badebuchten zwischen Felsen, wilde Strände, an denen der Atlantik schäumt, sandige, sonnendurchflutete Weiten – Strände gibt es an der Algarve wie Sand am Meer. Die Schönheit liegt letztlich im Auge des Betrachters. Unsere acht Favoriten haben wir hier für Sie zusammengestellt.

1 Praia do Amado

Der Topstrand der Costa Vicentina wendet sich in der Nähe von Carrapateira ungeschützt zum Atlantik hin und spannt sich über eine Länge von etwa einem Kilometer von Felsmassiv zu Felsmassiv. Die Praia do Amado ist vor allem als Surfermekka bekannt. Hier unterhalten etliche Surfschulen ihren temporären Stützpunkt.

2 Praia de Beliche

Der Fußgängern vorbehaltene Zugang, der von einem Parkplatz an der Straße zwischen Sagres und dem sagenhaften Cabo de São Vicente an den Beliche-Strand führt, ist leicht zu übersehen. Über Treppen geht es hinunter, Felswände schirmen den Strand hinterrücks ab. Da fühlt man sich herrlich abgeschnitten von den Besucherströmen, die oben über der Küste motorisiert aufs Kap zu rollen. Ein Umfeld, das auch von Surfern geschätzt wird.

3 Praia das Furnas

Er ist einer dieser wilden, versteckteren Traumstrände im Westen der Algarve, zum Küstenstrich zwischen Sagres und Salema gehörig. Da die Zufahrt etwas schwierig ist, wird er nicht von jedermann aufgesucht – und zum Glück ist der Strand hinterrücks nicht bebaut. Vom Stand der Flut hängt es ab, wie weit man nach links in die Seitenbuchten herumgehen und Felsformationen bewundern kann.

4 Praia Dona Ana

Typisch Felsalgarve, Barlavento! Dieser Badestrand bei Lagos ist zwar alles andere als ein Geheimtipp, wie der Zulauf zeigt. Traumhaft und spektakulär bleibt er trotzdem. Dafür sorgen die umliegenden Klippenkulissen der Ponta da Piedade. Der Wassereinstieg am Dona-Ana-Strand ist flach, allerdings gilt es auf Felsplatten zu achten.

5 Praia da Falésia

Was für Farbspiele zwischen blaugrünem Wasser und majestätischen Klippen! An denen läuft nämlich der Falésia-Strand Kilometer um Kilometer vorbei. Die schrundigen Felsabstürze leuchten rostrot, hellbraun oder weiß in der Sonne. Stellt sich die Frage nach Lust und Tageslaune: Baden, zum Beach Walking aufbrechen, einfach relaxen – oder eins nach dem andern? Und in welcher Reihenfolge am liebsten?

6 Praia da Ilha de Faro

Ein Strandtipp in Stadt- und Flughafennähe von Faro? Ja, denn diese Sandweiten sind wirklich überraschend und ab Faro leicht zugänglich. Dass sie zu einer Insel gehören, merkt man spätestens auf der Zufahrt über den Damm. Kaum ist der überwunden, braucht es nur ein bis zwei Gehminuten von einem der Parkplätze bis zum langgestreckten, der offenen See zugewandten Strand. Ein wunderbarer Spot auch für den Sonnenuntergang!

7 Praia de Santo António

Die Gefahr der Überflutung durch Menschenmassen ist an diesem Strand gering, das macht ihn so reizvoll. Die Praia de Santo António, der östlichste Strand der Algarve, dehnt sich breit und lang aus – charakteristisch für die Sandalgarve, Sotavento. Ein Damm trennt den Strand von der Mündung des Rio Guadiana, rückwärtig wird er von Dünen begrenzt. Den Weg hierher findet nicht jeder so leicht. Westwärts in der Ferne liegt der Ferienort Monte Gordo.

8 Praia da Franquia

Wie wär's zur Abwechslung mit einem Flussstrand und einem gänzlich anderen Panorama? Die Praia da Franquia legt sich im Alentejo-Küstenstädtchen Vila Nova de Milfontes um eine Biegung des Rio Mira, bevor der Fluss den Atlantik erreicht. Der Einstieg ins Wasser erfrischt gefahrlos, denn der Mira ist kein reißender Strom. Als Zugabe gibt es den schönen Blick über den Fluss hinweg aufs andere Ufer.

www.turismo.cm-odemira.pt

Sandiger Einstieg

Der östliche Teil von Portugals Traumküste entfällt auf die Sandalgarve, die allerdings nicht allein aus Sand besteht. Zu den langen Stränden gesellen sich im Naturpark Ria Formosa Sümpfe und Inseln, Lagunen, Salzgärten und Labyrinthe aus Kanälen. Auch der Blick ins Hinterland lohnt, wo der Rio Guadiana an idyllischen Orten wie Alcoutim vorbeiströmt.

Der Strand von Cacela Velha liegt im östlichen Zipfel des Naturparks Ria Formosa, seit 1987 eines der größten Lagunenschutzgebiete Europas.

Kurz bevor der Grenzfluss Guadiana bei Vila Real de Santo António in den Atlantik mündet, verbindet die Schrägseilbrücke Ponte Internacional do Guadiana Portugal mit Spanien.

Traumhafte Strände, feinsandig und sauber, finden sich an der Algarve von Ost bis West. Zusammen mit der Praia de Monte Gordo bildet die Praia Verde den östlichen Auftakt.

Nach dem Erdbeben von 1755 ließ Marquês de Pombal (1699–1782) Vila Real de Santo António errichten. Die Reißbrettordnung der Straßen und Gebäude stammt aus jener Zeit.

Die Praça Marquês de Pombal in Vila Real de Santo António setzt dem Minister ein Denkmal.

> Licht und Wasser sind glasklar, frische Brisen vom Atlantik lassen selbst Hochsommertage erträglich werden.

Sonne, Sand und Wind sind Attribute, mit denen Besucher die Algarve gern verbinden. Licht und Wasser sind glasklar, frische Brisen vom Atlantik lassen selbst Hochsommertage erträglich werden. Den Auftakt zu über 200 Küstenkilometern macht im Osten die Sandalgarve, Sotavento genannt, die an der Grenze zu Spanien am Rio Guadiana beginnt und mit den weiten Stränden von Monte Gordo und Manta Rota Fahrt aufnimmt.

Ökologische Nische

Klein, aber fein ist die ökologische Nische, die sich an den Ufern des Guadiana kurz vor der Mündung in den Atlantik öffnet: die Reserva Natural do Sapal, ein Schutzgebiet, das von Brackwasser, Sümpfen und Salinen geprägt ist. Trotz Salzwirtschaft, der Nähe zu Ortschaften sowie der riesigen Autobahnbrücke über den Fluss findet sich auf einer Fläche von lediglich 2100 Hektar abseits der Strände eine überraschend intakte Flora und Fauna, die Naturliebhabern das Herz aufgehen lässt. Charakteristisch für den Bewuchs sind Schlickgräser. In der Vogelwelt kommen über 150 Arten vor, darunter Flamingos, Weißstörche und Watvögel wie der Rotschenkel, der Sandregenpfeifer, die taubengroße Uferschnepfe oder der schwarzweiß gefiederte Säbelschnäbler. Rette sich, wer kann, heißt es bei ihrem Erscheinen für Krebse und anderes Kleinstgetier. Dauerhaft auf Tauchstation sind Goldbrassen, Meeräschen und Wolfsbarsche, die in der Reserva Natural Laichgründe finden.

Fäden der Geschichte

Castro Marim, der Zwei-Burgen-Ort am Rand der Reserva Natural do Sapal, gibt ein bezeichnendes Beispiel für die wechselvollen Geschichtsverläufe an der Algarve ab. Die Ursprünge menschlicher Präsenz in der Gegend weisen auf die Jungsteinzeit zurück. Die Römer befestigten eine erste Hügelsiedlung und banden Castro Marim in ihr Straßennetz ein, das sich durch den Alentejo bis nach Lissabon spannte. Bedeutsam war von Beginn an der nahe Schutzhafen für die Schiffe, die flussaufwärts den unteren Guadiana befuhren. Im Frühmittelalter geriet Castro Marim unter die Herrschaft der Mauren, die dem gesamten Süden Portugals ein halbes Jahrtausend lang ihren Stempel aufdrückten – bis zur Rückeroberung Mitte des 13. Jahrhunderts. Was aus der islamischen Epoche blieb, waren Burganlagen wie in Castro Marim, ausgefeilte Bewässerungstechniken für die Landwirtschaft und der Name der Algarve: *al-gharb* (der Westen). Nach dem Sieg über die Muselmanen

In seinem Unterlauf bildet der Rio Guadiana (rechts) die Landesgrenze zwischen Portugal und Spanien. Vor Jahrhunderten spähte man vom portugiesischen Alcoutim (unten) misstrauisch über den Fluss auf das spanische Sanlúcar de Guadiana mit seiner Festung – und umgekehrt.
Gleich zwei Festungen erheben sich über Castro Marim (ganz rechts). Von der Anhöhe des Castelo São Sebastião (17. Jahrhundert) geht der Blick über den Ort mit der Kirche Nossa Senhora dos Mártires hinüber zur alten Burg (13. Jahrhundert).
Auf der Fahrt von Castro Marim nach Alcoutim passiert man die Barragem de Odeleite, den Stausee von Odeleite (rechts unten).

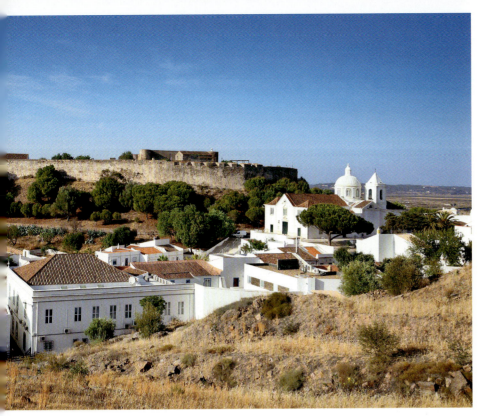

galt es, die Neubesiedlung voranzutreiben und im Zeichen des Kreuzes den Schutz zu verstärken, im Falle Castro Marims zunächst mit Hilfe der Christusritter. Latente Gefahren drohten fortan aus Marokko und vor allem aus Spanien.

Kompliziertes Verhältnis

Portugiesen und Spanier sind sich nah und doch irgendwie fremd. Ein kompliziertes Verhältnis, bei dem es schwer mit-, aber auch nicht ohne einander geht. Unvergessen ist den Portugiesen, dass sie 1580 bis 1640 unter der Zwangsherrschaft ihrer Nachbarn standen. Nach der Loslösung ließ König João IV. in Castro Marim flugs eine zweite Festung errichten, um den Spaniern die Stirn zu bieten. Und als man 1774 das östlichste Algarve-

„Aus Spanien kommen keine guten Winde und keine guten Heiratspartner."

städtchen Vila Real de Santo António aus dem Boden stampfte, spielte nicht nur die Kontrolle des Wareneingangs über den Guadiana eine Rolle. Zu frisch waren die Erinnerungen an einen erneuten Invasionsversuch Spaniens im Jahrzehnt davor. Obwohl eher der Norden des Landes betroffen war, ist es kein Zufall, dass in Vila Real de Santo António – außer Rathaus und Zollamt – die Fertigstellung der Kasernen Priorität besaß.

„Aus Spanien kommen keine guten Winde und keine guten Heiratspartner", lautet ein Sprichwort in Portugal. Ausnahmen bestätigen die Regel, doch manche Beziehungen waren und sind rein sachlich-monetärer Art. Einst zogen die Schmuggler beider Lager gern an einem Strang, wenn es um Getreide, Alkohol, Kaffee und das Auskundschaften der Zöllnerpatrouillen ging. Heute fahren Portugiesen ganz legal auf die Gegenseite zum günstigeren Tanken, während Spanier sich am anderen Ufer, in Vila

Das malerische Dörfchen Cacela Velha steht unter Denkmalschutz ...

... und liegt rund hundert Meter über dem Meeresspiegel. Beim Castelo de Cacela genießt man die Aussicht über die Feuchtgebiete des Naturparks Ria Formosa.

Einst galt das am Rio Gilão gelegene Tavira als wichtigster Hafen der Algarve. Das Flair eines traditionellen Fischerorts hat sich die Kleinstadt stellenweise bewahrt.

Auch in und um Tavira, ein Stück südwestlich von Cacela Velha, ist Wasser das Leitmotiv. Von hier aus kann man die Lagunenlandschaft der Ria Formosa mit dem Boot erkunden.

Azulejos

Bunte Begleiter

Special

Azulejos, die typischen Keramikfliesen, sind Blickfang und Dauerbegleiter auf Reisen durch Portugal. Sie überziehen Fassaden in Alcoutim und Vila Real de Santo António, sie schmücken die Igreja da Misericórdia in Tavira – überall bringen die Zierkacheln Farbe ins Spiel. Ihre Verwendung geht auf die Mauren zurück. Später fertigten die Portugiesen die „polierten Steinchen", so die Bedeutung des arabischen *al-zulaij*, in eigenen Werkstätten. Weltliche wie kirchliche Herrscher sorgten für Nachfrage, das einfache Volk zog nach. So breiteten sich Azulejos nicht nur in Palästen und Gotteshäusern aus, sondern auch an Hausfassaden, auf Brunnen und Bänkchen, in Innenhöfen oder Treppenaufgängen – mit geometrischen oder figürlichen Motiven. Oder in Form großer Mosaike, die Geschichtsepisoden erzählen oder Szenen des Brauchtums zeigen. Farblich herrschen Blau, Gelb und Weiß vor.

Azulejos in Taviras Igreja da Misericórdia

Es geht aber auch in Orange oder Grün, jedoch nie bunt durcheinander.

Die farbigen Fliesen sind nicht nur Zierrat. Azulejos mit Christus oder der heiligen Jungfrau von Fátima beschützen ein Haus. Größere Fassadenbeläge erfüllen praktische Zwecke, indem sie für Kühle sorgen und das Mauerwerk schützen. Mögen die Kacheln auch gelegentlich bröckeln – die Liebe der Portugiesen zu ihren Azulejos ist ungebrochen.

Real de Santo António, mit Haushaltswaren eindecken. Bei alledem bleiben sich Spanier und Portugiesen – Gegenspieler über Jahrhunderte – bis in die Gegenwart eher fremd. Den Unterschied kann man auch hören: Spanier brauchen stets einige Dezibel mehr, um ihr akustisches Wohlfühlklima zu erreichen.

Grenzfluss Guadiana

Wie ein Sinnbild steht der Rio Guadiana für die Zwangsbeziehung beider Länder. Die Geografie gibt vor, sich den Fluss zu teilen, von dem beide Anrainer seit jeher profitieren. Im Süden Spaniens entspringend, bringt der Guadiana hinter der Stadt Badajoz seine Wasser nach Portugal, wo ihn im Alentejo die gewaltige Barragem de Alqueva aufstaut. Weiter südlich war er im Unterlauf einst ab Mértola schiffbar, was ihn in die Handelsrouten zwischen Atlantik und Mittelmeer einband. Lastkähne luden Kupfer und Gold auf, Weizen, Olivenöl, Honig, Leder und weitere landwirtschaftliche Produkte, die aus dem ferneren Inland stammten.

Gegen Ende seiner fast 800 Kilometer langen Reise bildet der Guadiana die Landesgrenze und windet sich in ausgedehnten Schleifen durch das Hinterland der Algarve. Dort verdeutlicht der Ort Alcoutim einmal mehr das historische

Von der über den Gilão führenden Ponte Romana kommend, landen Stadtbummler unmittelbar auf Taviras zentralem Platz, der Praça da República. Sehen und gesehen werden, lautet hier die Devise an lauen Sommerabenden.

Kopfsteingepflasterte Gassen und die siebenbogige sogenannte Römerbrücke (rechts) von 1655, die beim großen Erdbeben zerstört und 1870 wiederaufgebaut wurde, tragen zum Reiz des Städtchens Tavira bei.

Der Bummel durch Taviras historisches Zentrum führt hinauf zum kleinen, auf die Mauren zurückgehenden Castelo und zur Kirche Santa Maria do Castelo, die im 13./14. Jahrhundert auf den Fundamenten einer Moschee erbaut wurde.

> „Frühling, breite deinen Mantel aus Wolken aus und fülle die Segel mit Wind, der über die Spielplätze meiner Kindheit weht."
>
> Ibn Darrag (958–1030)

Spannungsfeld zwischen Krieg und Frieden. Im 17. Jahrhundert wurden die Mauern zum Guadiana verstärkt und die Festung von Militäringenieuren mit einer Plattform für schweres Geschütz ausgestattet. Sieben Kanonen waren über den Fluss hinweg auf die spanische Siedlung Sanlúcar de Guadiana gerichtet. Heute herrscht Friedensstimmung in Alcoutim, auf der Burg, dem Hauptplatz. Ein Leichenzug kommt einem gesellschaftlichen Großereignis gleich, in den Gassen stehen Blumenkästen. Unten am Fluss laden Bänkchen zur Rast im Duft von Oleander ein, Enten watscheln umher, aus Spanien dringt das Blöken von Schafen herüber.

„Nur 100 kleine Thunfische"

„Frühling, breite deinen Mantel aus Wolken aus und fülle die Segel mit Wind, der über die Spielplätze meiner Kindheit weht", schrieb der arabische Poet Ibn Darrag (958–1030), der unter dem Kalifen von Córdoba – im heutigen Spanien – am Hof Karriere machte. Seine Kindheitserinnerungen kreisen um die Algarve, wo er in Cacela Velha zur Welt kam, einem unverfälschten Dorf über der Küste, das seinen berühmtesten Sohn mit einem nach ihm benannten Platz in Ehren hält. Die Lagunenlandschaft vom Ortshügel aus im Blick, stimmt Cacela Velha auf den Parque Natural da Ria Formosa ein. Als Patchwork aus Landzungen, Sandbänken, Inseln, Stränden und Kanälen durch Salz- und Süßwasser zieht sich der vogel- wie fischreiche Naturpark über gut sechzig Kilometer Richtung Südwesten hin, bis hinter Faro. Ungeschminkte Zwischenbemerkung: Nicht immer entsteigen den Gebieten die angenehmsten Düfte!

Obgleich nicht am offenen Ozean gelegen, bleibt in und um Tavira das Wasser Leitmotiv. Am historischen Zentrum zieht der Rio Gilão vorbei, kurz darauf geht er in einem weit verästelten System aus Wasseradern unter. Kirchen und Burgmauern bezeugen die Geschichte, in der Gegenwart scheint der Tourismus für viele einträglicher als der traditionelle Fischfang. Einst galt Tavira als Hochburg des Thunfischfangs an der Algarve, doch nicht jede Ära war golden, wie der deutsche Naturwissenschaftler Heinrich Friedrich Link in der Sprache jener Zeit in seinen Reiseskizzen bemerkte: „So fing man im Sommer 1799 nur 100 kleine Thunfische zu Tavira. Bey dunkelm Wetter und trübem Wasser ist der Fisch wild und zerreißt oft die Netze, bey hellem Wetter und stillem Wasser aber so furchtsam, daß die Fischer sagen, er fürchte sich vor seinem eigenen Schatten."

AUS KÜCHE UND KELLER

Ein Hausbrand und Atlantikschätze

Fisch und Schalentiere sind Klassiker im Zielgebiet – aber nicht die einzigen. Ein Medronho bringt auf Betriebstemperatur. In Weinen aus dem Alentejo dringen Kräuter- und Beerenaromen durch. Vielerorts ist die Küche schnörkellos und ehrlich.

Die Uferzonen des Rio Gilão in Tavira verlocken dazu, sich gemütlich niederzulassen.

Die authentischsten Lokale und Restaurants kommen oftmals ohne Speisekarte aus, ohne Werbung, ohne Internetauftritt. So ist es auch mit der Casa Baltazar in Castelão Zambujeira, einem versteckten Einheimischentreff auf dem Land, der seine Speisetradition seit 1940 kultiviert. An dem Tag, als wir hier zu Gast sind, ist Jardineira im Angebot, ein „Garteneintopf" nach Art des Hauses. Kartoffeln, Erbsen und Möhren schwimmen im deftigen Sud. Mit am Tisch sitzt Wanderführer José, der zu Beginn der Mahlzeit eine dicke Scheibe Bauernbrot in der Brühe ertränkt. „Das macht man hier im Alentejo so – habe ich von meinem Vater gelernt", erklärt er und isst das durchweichte Brot erstaunlicherweise erst am Ende.

Zwischendurch bringt Wirtsfrau Eugenia einen Nachschlag und eine Karaffe Hauswein: einen einfachen Roten, so typisch und unverfälscht wie die gesamte Mahlzeit, die ihren Abschluss in einem Erdbeerbaumschnaps findet. *Aguardente de Medronho* heißt der Klare mit rund fünfzig Volumenprozent. Das spült so richtig durch!

Schnapsbrenner und Imker

António Nunes Valério ist einer, der Medronho produziert. Seine Ein-Mann-Brennerei liegt in der Serra de Monchique, im Dorf Mata Porcas, gleich an der Hauptstraße. Besucher sind in Antónios hochprozentigem Reich willkommen. Zwei riesige Fässer stehen dort, in denen der Medronho über Monate fermentiert; und die alten Destillieranlagen, die António mit Eukalyptus- oder Erdbeerbaumholz befeuert.

Das Modernste im Raum ist das Siegel, mit dem die Behörde den Brennereibetrieb bis auf Weiteres verschlossen hält, auf dass Vater Staat nicht ein Milliliteranteil Steuer entgehe. Über die bürokratischen Hürden schüttelt António nur den Kopf. Das Image der Schnaps- als Schwarzbrenner ist (offiziell) weitgehend passé und der Medronho, althergebrachter Standarddrink der Bauern und Fischer, heutzutage alles andere als billig. Geblieben ist der immense Arbeitsaufwand.

Im Sommer haben an der Algarve *sardinhas assadas* – gegrillte Sardinen – Hochkonjunktur.

Links: Entenmuscheln sind alles andere als Teller-Schönheiten und haben ihren Preis – auch im Restaurant Castelejo am Strand bei Vila do Bispo.

Wenn der Erdbeerbaum im Herbst seine roten Früchte trägt, steht die Ernte in Handarbeit an. „Ein guter Pflücker schafft vierzig, höchstens sechzig Kilo pro Tag", erklärt António Nunes Valério. „Und hundert Kilo Früchte ergeben gerade mal zehn Liter Branntwein." Gut, dass António ein zweites Standbein als Imker hat und darüber hinaus Melosa produziert, Medronho mit Honig.

Sardinen und Haie

An der Algarve deckt vielerorts das Meer den Tisch, geschrumpfte Fanggründe hin oder her. Noch immer

An der Algarve deckt vielerorts das Meer den Tisch, geschrumpfte Fanggründe hin oder her.

liefert der Atlantik genügend Meeresgetier wie Thunfisch *(atum)*, Tintenfisch *(lula)*, exquisite Entenmuscheln *(percebes)* oder Herzmuscheln *(amêijoas)*. Auf den Märkten in Olhão und Quarteira liegen bergeweise Sardinen aus, auch Schwertfische, kleine Rochen, Muränen oder Haie.

In Restaurants wird häufig der frische Fisch des Tages *(peixe fresco)* empfohlen, im Sommer haben gegrillte Sardinen *(sardinhas assadas)* Hochkonjunktur. Auf den Grillspieß kommt der Seeteufel *(tamboril)*, und zwar in Form von Filetbrocken, die von Zwiebeln, Speck und Paprika eingefasst werden. Die Qual der Wahl erleichtert Unentschlossenen ein gemischter Fischtopf *(caldeirada)*.

Ebenfalls ein Eintopf ist die *cataplana*, benannt nach dem gleichnamigen Kupfergefäß, in dem Meeresgetier, Zwiebeln, Paprika, Kartoffeln und Fleisch gegart werden. Populäres Standardgericht in unzähligen Zubereitungsarten ist der Kabeljau *(bacalhau)*, ob gegrillt, gedünstet oder im Frittiermantel aus Eiern und Mehl. Er wird allerdings nicht fangfrisch, sondern tiefgekühlt aus ferneren Atlantikgegenden geliefert.

„Arme-Leute-Küche"

Die Küche des Alentejo lässt sich als typisch mediterrane „Arme-Leute-Küche" umreißen, zu der Knoblauch und Koriander gehören, weitere Kräuter und natives Olivenöl. Die schier endlosen Weiten dienen der Schaf-, Schweine- und Rinderzucht. Das Brot vom Vortag wandert nicht in die Tonne, sondern in Suppen, oder wird zu *migas* verarbeitet, einem mit Gemüse und Kräutern angereicherten, gern in der Pfanne angebratenen Brotbrei. Gut und schnörkellos satt zu werden, darauf kommt es im Alentejo von alters her an, auch im Winter, wenn Eintöpfe mit Wild oder Lammfleisch eine treffliche Antwort auf die Witterung geben.

Zu jeder Jahreszeit und Gelegenheit passt ein Rotwein, durchdrungen von Sonnenreife und den Aromen der Erde. Da schmeckt man Beerenfrüchte, ein wenig Tabak und Schokolade sowie Kräuter und Wildblumen.

Grundlage für die schnörkellose Küche des Alentejo: Freilandschweine in der Nähe von Evora. Die Früchte des Erdbeerbaums sind Grundlage für den Digestif.

Honig und Schnaps vom Erzeuger

Direktverkauf von Medronho, Melosa sowie süßem und bitterem (eine Rarität) Honig zu fairen Preisen:

António Maria Nunes Valério,
Mata Porcas, Serra de Monchique,
Tel. 963 04 84 17

DUMONT THEMA
AUS KÜCHE UND KELLER
34 – 35

Cataplana heißt das Kupfergefäß, in dem der gleichnamige Eintopf aus Meeresfrüchten, Fleisch, Kartoffeln, Paprika und Zwiebeln serviert wird. Der Deckel wird erst am Tisch geöffnet.

INFOS & EMPFEHLUNGEN

ÖSTLICHE ALGARVE

Gelungener Mix

Traumhaft lange Strände, Burgen im Hinterland, der glitzernde Flusslauf des Guadiana, der Naturpark Ria Formosa. Dazu Shopping in Vila Real de Santo António und das stimmungsvolle Tavira. Insgesamt ein gelungener Mix, bei dem es dem Reisenden freisteht, gelegentlich aufs Boot umzusatteln.

❶ Vila Real de Santo António

Das Städtchen (10 000 Einw.) an den Ufern des Guadiana wurde ab 1774 in der Rekordzeit von zwei Jahren aus der Taufe gehoben. Dahinter standen König José I. und sein Erster Minister Sebastião José de Carvalho e Melo, besser bekannt als Marquês de Pombal. Dieser hatte nach dem Erdbeben 1755 bereits für den Wiederaufbau der Lissabonner Unterstadt verantwortlich gezeichnet. Die Anlage des „königlichen Ortes" (Vila Real) erfolgte zum Teil mit vorfabrizierten Häusern; 1886 bekam er als erster Ort der Algarve Gasbeleuchtung.

Bootstour auf dem Rio Guadiana; Dünen bei Monte Gordo; Einkaufsbummel in Vila Real de Santo António

SEHENSWERT
Hübsch aufgemacht ist die **Zona Ribeirinha**, die Flusspromenade mit Palmen, Blumen und Sitzbänken; auch der Hafen ist dort zu finden. Im schachbrettartig angelegten Zentrum laufen die belebten Straßen auf die **Praça Marquês de Pombal** mit dem Obelisken zu: Machtsymbol des Gründungsduos aus König und Minister. An den Platz stoßen die Rathausfront und die **Igreja Matriz de Nossa Senhora da Encarnação** (18. Jh.; mit Marienbildnis).

AKTIVITÄTEN
Beliebt sind **Flusstouren** (siehe S. 39). Der **Fernwanderweg GR-15** geht von hier aus 65 km nordwärts nach Alcoutim.

UNTERKUNFT
Zweckmäßige Zwischenstation: € **Hotel Apolo** (Avenida dos Bombeiros Portugueses, Tel. 281 51 07 00, www.apolo-hotel.com; mit Pool). Ansonsten empfehlen sich eher Unterkünfte in Strandnähe: und zwar in Monte Gordo (siehe dort).

RESTAURANTS
Um die Praça Marquês de Pombal drängen sich die Lokale mit ihren Außenplätzen, etwa € **O Cantinho do Marquês** und das € **Puro Café**.

EINKAUFEN
Das symmetrische Straßengeflecht ist wie geschaffen für den gemütlichen Einkaufsbummel, die Auswahl riesengroß: Kleidung, Hand- und Badetücher, Schürzen, Pyjamas, Tischdecken, Handtaschen, Haushaltswaren – die attraktiven Preise sorgen für Zulauf.

INFORMATION
www.cm-vrsa.pt

❷ Monte Gordo

Fischerhütten waren jahrhundertelang das einzige Zeichen menschlicher Präsenz an den von Pinienhainen begrenzten Strandweiten, so verbürgen es lokale Quellen. 1923 setzte der Bau des Leuchtturms am nahen Auslauf des Guadiana ein markanteres Zeichen, in den 1960er-Jahren begann der Fremdenverkehr. Der Ort (1000 Einw.) wenige Kilometer südwestl. von Vila Real de Santo António ist keine Schönheit, die Infrastruktur indes in Ordnung. Ein Teil des Strandes wird unverändert von den Fischern genutzt, die dort – mangels Hafen – ihre Boote in den Sand hinaufziehen.

AKTIVITÄTEN
Schön für Spaziergänge oder Joggingrunden geeignet sind die **Pinienwälder**, die gleich östlich und westlich von Monte Gordo beginnen.

UNTERKUNFT
Strandnah liegen der massige Block €€/€€€ **Yellow Praia Monte Gordo** (Avenida Infante D. Henrique, Tel. 281 00 89 00, www.yellowhotels.pt) und das meist besser bewertete €€/€€€ **Vasco da Gama** (Avenida Infante D. Henrique, Tel. 281 51 09 00, www.vascodagamahotel.com). Etwas strandferner, dafür günstiger ist das €/€€ **Hotel Alba** (Rua 1, Lote 3, Alameda de India, Tel. 281 53 05 00, www.hotelalba.pt).

UMGEBUNG
Südwestl., Richtung Tavira lohnen Abstecher zu weiteren schönen Stränden, u. a. **Praia do Cabeço, Praia Verde, Praia de Alagoa, Praia da Lota** und **Praia da Manta Rota**. Zum ausgedehnten Manta-Rota-Strand führen lange Zugangsstege durch die Dünen. Westl. von Manta Rota beginnt der Naturpark **Ria Formosa**.

INFORMATION
Centro Cultural António Aleixo, Rua 5 de Outubro 16, Tel. 281 51 00 00, http://cm-vrsa.pt

INFOS & EMPFEHLUNGEN

③ Castro Marim

Der geschichtsträchtige, strategisch wichtige Ort (2000 Einw.) unweit der Grenze zu Spanien lag einst nah am Meer. 1242 aus maurischer Hand erobert, wurden die Verteidigungsanlagen ausgebaut. Im 14. Jh. hatte der Militärorden der Christusritter hier vorübergehend seinen Sitz. Im weiteren Lauf der Geschichte nahm die Bedeutung ab. Fischfang, Salinen, Schiffsbau und Landwirtschaft dienten als Einkommensquellen. Die Salinen haben bis heute Bedeutung, auch für die Vogelbeobachtung, u. a. von Flamingos.

SEHENSWERT
Oberhalb der kuppelgekrönten Hauptkirche (18./19. Jh.) zieht sich das im 13. Jh. auf Befehl von König Afonso III. erbaute **Castelo** (April bis Sept. tgl. 9.00–19.00, Okt.–März bis 17.00 Uhr) über den Hügel; eine Burg in der Burg ist die ältere Anlage der Maurenherrscher. Die Bausubstanz des Kastells hat im Lauf der Jahrhunderte stark gelitten; schöne Ausblicke bis zu den Salzgärten und der Guadiana-Brücke. Auf einem zweiten Ortshügel, von dem sich ebenfalls gute Blicke bieten, liegt die Festung São Sebastião aus dem 17. Jh. (nicht besuchbar).

VERANSTALTUNG
Bei den **Dias Medievais** (etwa Ende Aug.) kehrt wieder mittelalterliches Leben in die Burg ein und zieht viele Besucher an.

Tipp
Dorfidylle

Ein Abzweig zwischen Monte Gordo und Tavira führt nach **Cacela Velha**, einem Minidorf mit harmonischem Gesamtbild. Die Häuser tragen kunstvolle Kamine, die Farbpalette der Tür- und Fensterumrahmungen reicht von Gelb bis Dunkel- und Hellblau. Der Ort ist für den Durchgangsverkehr gesperrt, das kleine Kastell aus dem 16./17. Jh. Militärsitz, der Friedhof mit simplen Einschubfächern und pompösen Familiengräbern typisch, das Kirchlein Nossa Senhora da Assunção bescheiden. Nahe der Kirche krönt der Ausblick über die Feuchtgebiete des Naturparks Ria Formosa den Dorfspaziergang. Zum Einkehren bietet sich die €/€€ **Casa Velha** an.

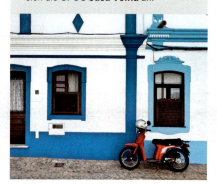

In und um Tavira: Hotel Vila Galé Albacora (oben); Igreja da Misericórdia (o. r.); Brunnen an der Praça da República (rechts)

UMGEBUNG
Das kleine Naturschutzgebiet **Reserva Natural do Sapal** breitet sich in Richtung Rio Guadiana und Flussbrücke aus.

INFORMATION
Mercado Local, Rua de S. Sebastião, Tel. 281 53 12 32, www.cm-castromarim.pt

④ Alcoutim

Der Ort (2000 Einw.) liegt in einer dünn besiedelten Hügellandschaft, etwa 40 km nördl. der Küste. Bei der Anfahrt von Castro Marim passiert man Kiefernforste und den Stausee von Odeleite. Alcoutim war historischer Schiffshalt an den Ufern des Guadiana und nach der Rückeroberung der maurischen Territorien (13. Jh.) ein stark bewehrter Grenzposten.

SEHENSWERT
Das **Castelo** (Urspr. 14. Jh.; April–Sept. tgl. 9.00 bis 19.00, sonst bis –17.00 Uhr) im oberen Ortsteil hat seinen militärischen Schrecken längst verloren. Es empfängt mit gepflegtem Grün und einer fantastischen Aussicht auf den Fluss.

Stilfremd inmitten der Anlage ist der Glas- und Betonblock des Archäologischen Museums. Das **historische Zentrum,** klein und idyllisch, fließt als weißes Häusermeer zu den Flussufern hinab. Die **Igreja Matriz** (16. Jh.) war eine der ersten Renaissancekirchen der Algarve, die **Praça da República** ist netter Treffpunkt.

AKTIVITÄTEN
Für Fernwanderer ist Alcoutim Startpunkt der 300 km langen **Via Algarviana** (siehe S. 52). Limitezero (www.limitezero.com) betreibt eine 720 m lange **Seilrutsche** über den Guadiana; Start auf der spanischen Seite (Winter geschl.).

VERANSTALTUNG
In die 1. Sept.hälfte fällt das mehrtägige Ortsfest **Festa de Alcoutim.**

RESTAURANT
An der Praça da República speist man im €/€€ **Restaurante O Camané** (Tel. 964 10 85 85) auf netten Terrassenplätzen.

INFORMATION
Rua 1° de Maio, Tel. 281 54 61 79, http://cm-alcoutim.pt

⑤ Tavira

Die meernahe Kleinstadt (13 000 Einw.) am Rio Gilão lockt mit interessanten Baudenkmälern. Unter den Mauren (8.–13. Jh.) galt **Tavira TOPZIEL** mit Festung und Hafen als einer der maßgeblichen Stützpunkte an der Algarve. Später avancierte es zur „Stadt der Kirchen"; das historische Erbe besteht aus über 20 religiösen

Als interessanteste Kirche in Tavira und schönster Renaissancebau der Algarve gilt die Igreja da Misericórdia.

Monumenten (Kirchen, Kapellen, Klöster). Das Hinterland ist fruchtbar, u. a. mit Orangenplantagen und Weinbau; im Naturpark Ria Formosa beginnen die Salzgärten am Stadtrand.

SEHENSWERT
Überall in der Innenstadt finden sich stille Gassen und Häuser mit kunstvollen Schornsteinen und Azulejos. Zur Einstimmung bietet sich ein **Promenadenspaziergang** am Rio Gilão an, den bei der **Praça da República** eine sehenswerte Brücke überspannt (für Fahrzeuge gesperrt). Als interessanteste Kirche in Tavira und schönster Renaissancebau der Algarve gilt die **Igreja da Misericórdia** (16. Jh.; Di.–Sa. 9.30 bis 12.30/13.00, 14.00–18.00 Uhr) im unteren Altstadtbereich. Das historische Marktgebäude am Fluss, **Mercado da Ribeira,** geht auf das

Jahr 1887 zurück. In der Nähe: der Pavillon, Palmen, Bänkchen. Der Bummel führt vom Fluss hinauf zum kleinen **Castelo** (frei zugänglich). Die Burg geht auf die Mauren zurück und gelangte nach der Eroberung 1242 vorübergehend unter die Ägide der Jakobsritter. Ein Kleinod: der bepflanzte Innenhof. In Nachbarschaft zur Burg liegen die **Igreja de Santiago** (Wiederaufbau nach dem Erdbeben von 1755) und die **Igreja da Santa Maria do Castelo**, bei deren Bau man im 13./14. Jh. die Moschee als Fundament nutzte. Der alte **Wasserturm** beherbergt eine interessante Camera obscura (Calçada da Galeria 12; Febr.–Sept. Mo.–Fr. 10.00–17.00, sonst bis 16.00, Sa. immer 10.00 bis 13.00 Uhr; www.torredetavira.com).

MUSEEN
Das mit dem Palácio da Galeria (18. Jh.) verknüpfte Stadtmuseum **Museu Municipal** liegt im Oberbereich der Altstadt (Sommer Di.–Sa. 9.15–16.30 Uhr; http://museumunicipaldetavira.cm-tavira.pt). Keramik und Exponate aus der Zeit der Mauren zeigt das Islamische Museum, **Nucleo Museológico Islâmico** (Praça da República; 9.15–12.30 und 13.30–16.30 Uhr).

AKTIVITÄTEN
Bootsausflüge durch die Lagunen, inkl. Vogelbeobachtung, u. a. mit Sequa Tours (Tel. 960 17 07 89, www.sequatours.com).

UNTERKUNFT
Das zentrumsnahe €€/€€€ **Vila Galé Tavira** (Rua 4 de Outubro, Tel. 281 32 99 00, www.vilagale.com) hat einen großen Innenhof mit Pool. Das €€€ **Vila Galé Albacora** (Quatro Águas, Tel. 281 38 08 00, www.vilagale.com; im Winter geschl.) ist ein Flachbaukomplex ca. 4 km östl. Noch weiter östl., am Ortsrand von Cabanas de Tavira, liegt die auf Selbstversorger zugeschnittene Anlage €/€€ **Pedras da Rainha** (Tel. 281 38 06 80, www.pedrasdarainha.com) mit einer großen Auswahl an Studios und Häuschen.

RESTAURANTS
Tapas genießt man im oft gelobten €/€€ **Restaurante D'gusta** (Rua João Vaz Corte Real 80, Tel. 28 1 32 60 89, Facebook-Seite). Fürstlich tafelt man in der €€€ **Pousada Convento da Graça** (Rua Don Paio Peres Correia, Tel. 21 0 40 76 80, www.pousadas.pt).

UMGEBUNG
Südl. liegt die **Ilha Tavira** (öffentliche Bootszubringer vom Ende der Estrada das Quatro Águas, im Sommer auch von der alten Markthalle) mit über 10 km Strandzonen. Über Land (zu Fuß oder mit einem Mini-Zug) kommt man südwestl. des für seine Oktopusfischer bekannten Ortes **Santa Luzia** auf die Ilha Tavira und zur **Praia do Barril** mit dem kuriosen Friedhof der Anker; Fischer haben hier zahlreiche Anker in den Dünensand gelegt.

INFORMATION
Praça da República 5,
Tel. 281 32 25 11,
www.cm-tavira.pt

ÖSTLICHE ALGARVE

Genießen Erleben Erfahren

Leinen los!

DuMont Aktiv

Es ist eine gemächliche Reise auf dem breiten Strom. Ob mit oder gegen die Strömung, das hängt vom Veranstalter und dessen Planung ab. Lohnend ist so ein Ausflug auf dem Rio Guadiana auf jeden Fall, egal ob flussauf- oder -abwärts. Also: Leinen los!

Für die gut organisierte Bootstour auf dem portugiesisch-spanischen Grenzfluss ist ein voller Tag zu veranschlagen. Manchmal legt das Boot direkt in Vila Real de Santo António ab, manchmal geht es auch erst in Fahrzeugen über Land, zum Einstiegspunkt weiter nördlich, in Foz de Odeleite.

Bei der Variante stromaufwärts ab Vila Real de Santo António fällt der Blick zur Linken zunächst auf den Doppelfestungsbuckel von Castro Marim. Es geht an der vogelreichen Reserva Natural do Sapal entlang, dann unter der Autobahnbrücke Ponte Internacional do Guadiana durch, die seit 1991 Spanien und Portugal verbindet. Der River Cruise bis Foz de Odeleite deckt sich mit einem Stück historischer Route. Früher fuhren Schiffe den Fluss hinauf, um Erze zu laden, die aus den Minen von São Domingos kamen.

Landschaftlich wechseln dichte Ufervegetation und Grasflächen mit seichten Hügeln, Orangenbäumen und Strauchwerk ab. Es ist teils karg, teils grün – aber durchweg entspannend. Auf diese Art lässt sich das Hinterland der Algarve in moderatem Tempo entdecken.

Bootstour auf dem Rio Guadiana
Die Touren dauern von 10.00 oder 10.30 bis etwa 17.00 Uhr und kosten ab etwa 50 €/Erw., 25 €/Kind (4-11 oder 5-12 Jahre), inkl. Mittagsstopp und -essen (je nach Veranstalter Poolbenutzung möglich). Die Veranstalter *(cruzeiros)* haben ihren Sitz in Vila Real de Santo António.

Transguadiana:
Tel. 281 51 29 97,
www.transguadiana.com

Riosul Travel:
Tel. 281 51 02 00,
www.riosultravel.com

Eine Bootstour auf dem Rio Guadiana ist ein Ganztagesvergnügen, und zwar eines der entspannenden Art. Kopfbedeckung und Sonnenschutz nicht vergessen!

Tradition und Moderne

Bunte Palette im Mittelteil: Fischerflair auf der Insel Culatra, Highlife in Albufeira oder Vilamoura, lange Strände, Salinen und Wasserstraßen im Naturpark Ria Formosa, Kulturziele wie die Römerruinen von Milreu, Sport von Golfen bis Radfahren. Selbst die Algarvehauptstadt Faro überrascht mit ihrem Potenzial.

Auf den ersten Blick wirkt Faro vielleicht wenig ansprechend. Umso überraschender ist das Herz der Stadt mit Arkaden und historischem Pflaster.

Schon im Mittelalter zog Olhão die Fischer an – heute lockt es die Urlauber. Abends mit romantischen Gassen und der geheimnisvoll erleuchteten Igreja Matriz de Nossa Senhora do Rosário …

In den beiden Markthallen von Olhão – und drum herum – herrscht an Werktagen reges Treiben. Samstags verdichtet sich der Andrang noch, ehe am Sonntag Ruhe einkehrt.

... bei Tag mit geschäftigem Treiben. Grundlage der lokalen Handelsaktivitäten sind der größte Hafen der Algarve und die Fisch verarbeitende Industrie.

Fischerort der einfacheren Art: das Dörfchen Fuseta, rund zehn Kilometer nordöstlich von Olhão. In der Saison legen auch hier Boote zu den Badeinseln ab.

Olhão verschwimmt im Rücken: die weißen Häuser, die Hafeneinfahrt, die Hallen mit dem pulsierenden Fischmarkt ... Steuermann Ricardo geht im Naturpark Ria Formosa auf Kurs Südwest. „Samuelito" und „Despertar" kommen uns entgegen, typische Fischerboote. „Und da ist eines der japanischen Boote!", ruft Ricardo und deutet voraus. „Wir nennen die so, weil unsere Seeleute von Japanern für den Thunfischfang bezahlt werden."

Die Muschelzüchter sind zum Glück ihre eigenen Herren und brauchen nicht weit hinauszufahren. Mit Holzstöcken haben sie im Wasser ihre Besitzungen

Es herrscht Betrieb in den Wasserstraßen. Muschelfarmer sind in Bötchen mit Schubkarren unterwegs.

markiert und auf winzigen Inseln Sackbarrikaden errichtet, um zu verhindern, dass immer mehr Sand abgeschwemmt wird. *Viveiros* heißen die Muschelfarmen. Wie viele es davon gibt in der Gegend? „Wohl einige Hundert", schätzt Bootsführer Ricardo.

Es herrscht Betrieb in den Wasserstraßen. Einige Muschelfarmer sind in Bötchen mit aufgeladenen Schubkarren unterwegs, später schiebt sich ein Makrelenboot heran. „Die sind leicht zu erkennen", erklärt Fachmann Ricardo. „Der Bug sitzt so tief unten, weil da die Ladung gelagert ist."

Keine Straßen, keine Ampeln

Wie ein Streichholz in der Ferne, wie ein einsamer Wächter ragt in den gleißenden See- und Kanalweiten der Leuchtturm von Culatra auf. Im Inselort Farol drängen die Häuser dicht an die Wasserlinie, die Bebauung ist flach. Zeit für den Landgang in eine gänzlich andere Welt. Keine Straßen, keine Ampeln, kein Verkehr. Einzig ein Traktordröhnen dringt

Die Praia dos Pescadores – Albufeiras „Fischerstrand" – heißt bloß noch so: Fischer dürfen hier ihre Boote nicht mehr an Land ziehen. Das eröffnet umso mehr Raum für Liegeflächen und ungestörte Badefreuden.

Tummelplatz der Reichen und Schönen, aber auch offen für Normalsterbliche: Marina de Vilamoura, ein Ferienzentrum mit vier Golfplätzen, Nachtclubs und Spielcasino. Es entstand in den 1970er-Jahren rund um Portugals größten Jachthafen.

Am Largo Engenheiro Duarte Pacheco schlägt Albufeiras Herz. Der Platz ist nach dem Ingenieur benannt, der in den 1930er-Jahren als Bauminister der Salazar-Regierung unter anderem für den Felstunnel zu Albufeiras Stadtstrand verantwortlich zeichnete.

> „Auf der anderen Seite des Wassers sitzen sie mit hundert Stundenkilometern im Auto."
>
> Leuchtturmwärter Assaldino auf Culatra

von irgendwo herüber. Gehplattenwege verlaufen zwischen den kleinen Villen, erbaut aus Stein oder Holz. Den Häuschen sitzen kunstvolle Kamine auf, manche Vorgärten bestehen aus nichts als Sand, dann wieder bringen Bougainvilleen Farbe ins Spiel.

Es ist ein offenes Geheimnis, dass viele Anwesen im Sommer unter der Hand als Feriendomizile vermietet werden. Über Winter hingegen steht die Nachfrage bei Null, dann bleiben nur wenige Menschen im stillen Inselort. So wie Lurdes, eine freundliche, aufgeschlossene Dame um die achtzig. „Einer meiner Neffen ist Leuchtturmwärter", erzählt sie nicht ohne Stolz.

Kein Inselkoller im Turm

Der Leuchtturm von Farol ist das bedeutendste Bauwerk weit und breit, errichtet Mitte des 19. Jahrhunderts und nach der Gottesmutter Maria benannt, 1921 auf fünfzig Meter aufgestockt. Sein Licht strahlt fünfzig Kilometer weit hinaus, vier Wärter teilen sich in Rund-um-die-Uhr-Schichten ein. Jeder hat seinen eigenen Wohnbereich samt Küche.

Assaldino heißt einer der Wärter, Mitte vierzig. Frau und Kinder sind auf dem Festland ansässig. Wie ist das mit dem Inselkoller? Ist das Leben auf Culatra nicht viel zu einsam? „Nein", sagt er und strahlt aus vollster Überzeugung. „Ich habe Internet, die Familie kann jederzeit kommen und hier wohnen. Und auf der anderen Seite des Wassers sitzen sie mit hundert Stundenkilometern im Auto." Assaldino hingegen muss nur im Schneckentempo 220 Stufen erklimmen, und die Welt liegt ihm zu Füßen. Unter anderem die Praia Grande, der „Große Strand", der in Sichtweite des Leuchtturms beginnt – fürwahr ein Gigant, in dessen Weiten man sich verlieren kann.

Alte Fischergemeinde

Der Ort Culatra gibt ein zweites Beispiel für das Inselleben vor Olhão ab. So nah und doch so fern vom Festland, wie aus der Zeit gefallen. Ende des 19. Jahrhunderts begannen kleine Fischergruppen hierherzukommen, versuchten zunächst saisonal ihr Glück beim Sardinenfang, ließen sich in bescheidensten Verhältnissen nieder. Die Fischergemeinde hat sich erhalten, der pittoreske Hafen ist mit Booten gefüllt. Männer flicken ihre Netze wie zu alter Zeit, andere haben sich zum Plausch auf eine Mauer gesetzt. Das Sozialgefüge mit Gemeinschaftssinn und gegenseitiger Hilfe funktioniert.

Der Ortsspaziergang führt an einem Cafétreff der Locals vorbei und an geduckten Häusern – mit Einkaufswagen aus Supermärkten vor der Tür. Eine be-

Das hübsche Städtchen Loulé lohnt einen kleinen Abstecher ins Hinterland.

Seit dem 16. Jahrhundert wird bei der „Festa Grande da Mae Soberana" Loulés Schutzheilige in einer großen Prozession zur Wallfahrtskapelle außerhalb der Stadt getragen.

Sehens- und erlebenswert: die 1908 eingeweihte neomaurische Markthalle am Largo Gago Coutinho. Markt gehalten wurde in Loulé lange vor Eröffnung der Halle – schon seit 1291.

MITTLERE ALGARVE
46 – 47

Auch Alte liegt im Hinterland. Außerhalb der Saison verläuft der Alltag in dem „Vorzeigedorf" beschaulich – für zweibeinige wie für vierrädrige Oldtimer.

Igreja de São Lourenço

Sturzflut der Dekors

Special

Auf dem Weg von Faro nach Albufeira steht bei Almancil das Kirchlein São Lourenço unweit der Straße. Die Innenausstattung setzt einen kulturellen Glanzpunkt.

So bescheiden und unscheinbar das überkuppelte kleine Gotteshaus von außen wirkt, so sehr beeindruckt es im Innern. Mutmaßlich als schlichte Kapelle im Mittelalter entstanden, erhielt es zur Barockzeit im 18. Jahrhundert die heutige Pracht. Grafen aus Nordportugal sollen es gewesen sein, die als Jagdgäste in der Gegend weilten und die Ausschmückung des Kirchleins mit Kacheln und Fliesen veranlassten – so hat es die Legende kolportiert. Wer auch immer die tatsächlichen Urheber waren, das Resultat ist in jedem Fall überwältigend.

Im einschiffigen, fast fensterlosen Raum sehen Betrachter eine Flut aus Azulejos auf sich einstürzen, die sich in Kuppel und Bögen fortsetzen. Thematisch herrschen Szenen aus dem

Kultureller Glanzpunkt in Almancil

Leben des heiligen Laurentius vor, angereichert mit Blütenmotiven, Granatäpfeln, Trauben, pummeligen Engelsfiguren. Unterbrochen wird der blauweiße Kachelüberzug von golden glänzenden Zwischenabschlüssen.

Die überbordende Zier setzt sich im Altaraufsatz mit seinen gewundenen goldenen Säulen fort. Vereinzelt fehlen kleine Ecken und Zacken in den Azulejos, doch das tut dem Gesamteindruck keinen Abbruch.

fremdliche „Dauerleihgabe", als Transportmittel jedoch äußerst praktisch, wenn es an Autos und Straßen fehlt. Über einem Hauseingang wacht ein Kachelbildnis der heiligen Jungfrau von Fátima, vereinzelt stehen Blumentöpfe aus Keramik im Sand. Im Ort gibt es ein Gesundheitszentrum, ein Basket- und Fußballfeld, die Schule. Und einen langen Zugangssteg zum Strand.

Kracher und Stille

Albufeira – größer könnte der Kontrast zum Inselleben auf Culatra kaum sein. Allein deshalb, weil der „Fischerstrand", die Praia dos Pescadores, längst frei von Fischern und ihren Booten ist. Die Kähne dürfen von Amts wegen nicht mehr auf den Strand hochgezogen werden, und das Hafenbecken im Westteil der Stadt dient als Parkraum. Vom ureigenen Algarveflair ist im zugebauten Herzen von Albufeira wenig geblieben, doch eines ist gewiss: Wer Rummel will, bekommt ihn hier. Livemusik, ein Laden am andern, Fish'n'chips und „Die besten Rippchen in der Stadt", falls dem offensiven Werbeslogan zu glauben ist.

In Vilamoura herrscht ebenso wenig Mangel an Kulinaria, Cocktails, prallem Leben. Die Marina ist ein echter Kracher und mit einer Tausendschaft an Liegeplätzen ein Gigant unter den südländi-

Die Römerruinen von Milreu (rechts), der Palast von Estoi (ganz rechts) und São Brás de Alportel (unten) mit seinem Heimatmuseum sind kleine Kulturziele abseits der Küste. Estois Hauptkirche Igreja de São Martinho (unten rechts) wirkt fast ein wenig überdimensioniert für den nicht einmal tausend Einwohner zählenden Ort. Für große Festgesellschaften ist es gerade recht so.

schen Freizeithäfen. Um die Becken legt sich eine schier unerschöpfliche Auswahl an Restaurants, Bistros, Boutiquen. Im Sommer werden Bootsausfahrten und Entertainment geboten.

Doch plötzlich ist es wieder still, und das Rauschen des Meeres gewinnt akustisch die Oberhand. Das ist das Schöne an der Algarve, die jedweden Geschmack bedient. Nordwestlich von Vilamoura zieht sich das Band der Praia da Falésia kilometerlang an rostbraunen Felsen entlang, ein Stück ostwärts beginnt hinter Quarteira die Praia do Forte Novo.

Terrain für Sportler

Meer und mehr – Sportlern sind keine Grenzen gesetzt. Über allen erdenklichen Wassersport hinaus gibt es zum Beispiel den „Golfstrom". Die Plätze profitieren vom ganzjährig beständigen Klima. Mit Blick auf die See und im Duft von Kiefern finden Anfänger und Fortgeschrittene den richtigen Abschlag. Radler und Wanderer gehen südöstlich von Quinta do Lago schöne Flachlandwege durch einen Teil des Naturparks Ria Formosa an. Blendend weiß leuchten Salzberge in der Sonne, die Becken dienen Flamingos und anderen Wasservögeln als Refugium. Größere, metallene Vögel donnern auf dem nahen Flughafen von Faro ein – der Preis der Zivilisation. Abschreckend? Vielleicht beim ersten Hinhören, aber kein Hinderungsgrund für einen Abstecher auf die lang gestreckte, schmale Insel Faro. Wer als Radler das Verkehrsnadelöhr des Brückendamms passiert und links dahinter das Sträßchen einschlägt, wird sehen: Je weiter weg, umso authentischer wird es! Nach wenigen Minuten endet der Asphalt, auf dem Rad schließt sich mit Sicht auf Faro ein ratternder Holzplankenweg an, gesäumt von Fischerhütten. Pause? Dann einfach das Bike abstellen und schnell zu Fuß an den Inselstrand.

Rabenschwarzer Anstrich

Genug von der Natur? Hin zu kleinen Kulturzielen! Das historische Herrenhaus

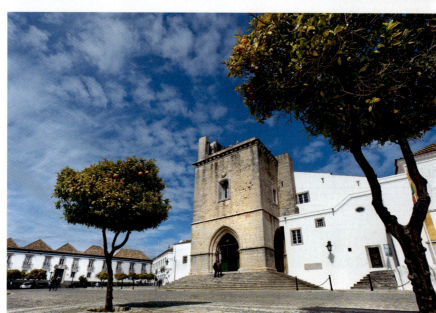

Für die meisten Touristen ist Faro das Tor zur Algarve – und doch kennen nur relativ wenige die Stadt. Dabei ist das historische Zentrum einen Besuch wert: Einkaufsstraßen wie die Rua de Santo António, die Kathedrale (oben links und Mitte rechts) sowie die Knochenkapelle (Mitte links).

Beim Blick über den Jachthafen macht man im Hintergrund links der Bildmitte die Kathedrale von Faro aus und noch ein Stück weiter links den Arco da Vila.

Die beste Übersicht über Faro hat man vom Turm der Sé. Die ursprünglich gotische Kathedrale wurde beim Erdbeben von 1755 schwer zerstört. Lediglich der Turm und ein Fenster an der Südseite blieben erhalten. Der Rest wurde in unterschiedlichen Stilrichtungen neu aufgebaut.

Faro, die Hauptstadt der Algarve, empfängt um den Hafen herum freundlich.

eines Korkfabrikanten beherbergt das Heimatmuseum von São Brás de Alportel, der Adelspalast von Estoi ist nicht nur für Gäste des Pousada-Hotels zugänglich, am Rand von Almancil öffnet sich die Igreja de São Lourenço als Barockjuwel der Kachelschmuckkunst (vgl. Special auf S. 47).

Und das auf das Ausgrabungsareal von Milreu belegt, dass die Römer von diesem ruralen Zentrum aus vom 1. bis 4. Jh. n. Chr. die Landwirtschaft der Gegend kontrollierten. Das Gelände ist übersichtlich, durchsetzt von Säulenfragmenten, Tempel- und Thermenresten, Mosaiken, alles gut beschildert. So weit, so geläufig. Ungewöhnlich hingegen sind die bunten Fischmosaike – schon sie allein rechtfertigen den Besuch der *ruínas romanas*!

Faro, die weit ausgedehnte Hauptstadt der Algarve, empfängt – im Gegensatz zu den Zufahrtsstraßen und Außenbezirken – um den Hafen herum freundlich. Den rabenschwärzesten Anstrich bekommt Faro in der mit Menschenknochen dekorierten Capela dos Ossos. Die Stadtmauern ummanteln das wichtigste Kulturgut in Form der Kathedrale und dem einstigen Kloster Nossa Senhora da Assunção. Natur in die Stadt bringen Orangenbäume und Weißstörche, deren Schnäbelklappern gelegentlich durch die Gassen hallt.

DUMONT THEMA

VIA ALGARVIANA

Der Trail bis zum Kap

Die Algarve hält als Wanderparadies in Form. Wer Ruhe und Einsamkeit sucht und der Küste den Rücken kehrt, stößt im Hinterland auf den Fernwanderweg Via Algarviana. 300 Kilometer sind es von Alcoutim bis zum wilden Kap São Vicente.

Lust auf Walking an kilometerlangen Sandbändern der Ost- und Mittelalgarve? Oder auf einen Marsch durch Marschen und Salzgärten des Naturschutzgebiets Ria Formosa? Wer dort am See von Quinta do Lago beginnt und sich Richtung Faro hält, hat beste Aussichten auf die Vogelwelt. Reiher, Purpurhühner, sogar Flamingos kann man beobachten. Verblüffend anders zeigt sich die Algarve tiefer im Inland, wo der markierte Fernwanderweg Via Algarviana, der sich übrigens auch mit dem Mountainbike bewältigen lässt, gut 300 Kilometer weit verläuft: von Alcoutim bis zum Cabo de São Vicente.

Füllhorn der Natur

Auf der Via Algarviana ist der Atlantik nah und fern zugleich. Nur an wenigen Stellen – wie auf dem Fóia, dem Bergthron der Algarve in der Serra de Monchique – gerät der Ozean richtig in Sicht. Die gesamte Strecke erfordert ungefähr vierzehn Tagesetappen und eine gute Kondition. Der Kraftaufwand für das gebirgige Hinterland, die Serra, sollte nicht auf die leichte Schulter genommen werden, zumal auf dieser bereits der Rucksack lastet.

Für die Strapazen entschädigt das Füllhorn der Natur, vor allem im Frühjahr, der idealen Wanderzeit. Dann grünt und blüht es im Überfluss, dann riecht es intensiv nach Lavendel, Thymian, Rosmarin. Die Gegenden sind meist dünn besiedelt. Hier begegnet man noch Schafzüchtern, Dörflern, Bauern, die ihre Feldparzellen nach alter Väter Sitte bewirtschaften. Viehweiden und Gehöfte säumen den Weg, Korkeichen, Olivenhaine, wilde Orchideen, Zistrosen. „Ein Paradies für Naturfreunde mit einem Auge für seltene Vogel- und Pflanzenarten und Sinn für wirkliche Ruhe und Einsamkeit", so wird der Fernwanderweg vermarktet.

Und wem die Via Algarviana nicht reicht – am Kap São Vicente muss nicht Schluss sein. Dort schließt sich mit der Rota Vicentina eine gleichfalls interessante Strecke an, die sich als küstennaher „Fischertrail" oder mehr inwärtig verlaufender „Historischer Weg" nordwärts in zwei Varianten splittet. Der Endpunkt liegt in Santiago do Cacém. Rechnet man alle Strecken zusammen, kommt man bei der Rota Vicentina auf 450 km.

Der Natur ganz nah, etwa den Salzgärten der Ria Formosa (oben) oder den wilden Orchideen im Hinterland

Vor allem im Frühjahr eine wunderbare Alternative zum Wassersport: Wandern an der Algarve

Am Stück oder in Etappen

Auch Teiletappen sind reizvoll – von Ost nach West:
Alcoutim–Balurcos (24 km), Balurcos–Furnazinhas (14 km), Furnazinhas–Vaqueiros (20 km), Vaqueiros–Cachopo (15 km), Cachopo–Barranco do Velho (29 km), Barranco do Velho–Salir (15 km), Salir–Alte (16 km), Alte–Messines (19 km), Messines–Silves (28 km), Silves–Monchique (28 km), Monchique–Marmelete (15 km), Marmelete–Bensafrim (30 km), Bensafrim–Vila do Bispo (30 km), Vila do Bispo–Cabo de São Vicente (18 km).

Kostenlos abrufbar: Detailkarten und ein gut gemachter zweisprachiger Infoguide (Portugiesisch/Englisch):
www.viaalgarviana.org

Zusatztipps zur Via Algarviana und Infos zur Anschlussroute Rota Vicentina:
www.via-algarviana.com, http://de.rotavicentina.com

Spannende Kontraste

Eben noch im Boot zu den Inseln im Naturpark Ria Formosa unterwegs, geht es in und um Faro, Loulé, Olhão oder São Brás de Alportel in Kirchen und Museen. Bei Albufeira locken die Strände. Und wer zur rechten Zeit da ist, besucht zwischendurch ein Volksfest.

❶ Olhão

Bereits im Mittelalter zog Olhão die Fischer an, die im 14. Jh. in einfachen Hütten lebten. Das erste größere Bauwerk war im 17. Jh. eine Festung zum Schutz gegen Seeräuber. Heute ist das Fischfabrik- und Hafenstädtchen Mittelpunkt einer 45 000-Einw.-Gemeinde. Geruchsbegleiter bleibt der Fisch.

SEHENSWERT
Die historischen **Markthallen** setzen mit ihrer Fischabteilung Maßstäbe (siehe S. 115). Hinter dem Markt verläuft eine **Promenade.** Aus der beschaulichen City erhebt sich die barocke

Markthalle in Olhão (links); Naturpark Ria Formosa

Igreja Matriz de Nossa Senhora do Rosário (17./18. Jh.), der außen an der Rückfront die **Capela do Senhor dos Aflitos** (Christuskapelle mit Votivgaben) angegliedert ist.

VERANSTALTUNG
Beim Festival do Marisco (um den 10./15. Aug.) gibt es außer Meeresfrüchten viel Musik.

UNTERKUNFT
Das €€/€€€ **Real Marina Hotel & Spa** (Avenida 5 de Outobro, Tel. 289 09 13 00, www.realmarina.realhotelsgroup.com) trennt nur die Durchgangsstraße von der Promenade.

RESTAURANTS
An den Markthallen liegt das beliebte € **Café do Mercado**; in der Nähe finden sich viele Fischrestaurants wie €€ **O Bote** (Avenida 5 de Outobro 122, Tel. 289 72 11 83). Einkehrtipp für Culatra: €/€€ **Restaurante-Café Janoca** (Tel. 289 05 01 53) nahe dem Fischerhafen. Schmackhafter Fisch und Muscheln!

UMGEBUNG
Mit regelmäßigen Bootszubringern, Bootstouren (Passeios Ria Formosa, Tel. 962 15 69 22, www.passeios-ria-formosa.com) oder Wassertaxis gelangt man nach **Armona** (im Sommer auch ab dem östl. gelegenen Fuseta), **Culatra** und **Farol**, im Sommer auch zur einsamen **Ilha Deserta**, gegenüber dem Leuchtturmort Farol. Ein interessanter Lehrpfad (ca. 4 km) des **Naturparks Ria Formosa** beginnt östlich der Stadtgrenze von Olhão nahe dem Umweltbildungszentrum (Centro de Educação Ambiental) Quinta Marim und führt zum Teil an Feuchtgebieten entlang, mit guten Stellen zum Birdwatching. Ca. 10 km nordwestl., beim Ort **Estoi**, liegen die Römerruinen von **Milreu** (Mai–Sept. Di.–So. 10.30–13.00, 14.00–18.30, sonst Di.–So. 9.30 bis 13.00, 14.00–17.00 Uhr; www.monumentosdoalgarve.pt).

INFORMATION
Largo Sebastião Martins Mestre 6 A, Tel. 289 71 39 36, www.cm-olhao.pt

❷ Faro

Mit konturlosen Vororten und einigem Fluglärm empfängt Faro (50 000, Großraum 65 000 Einw.) nicht sehr freundlich; umso mehr überraschen Altstadt und Hafenbereich. Die Stadtgeschichte begann mutmaßlich mit den Römern, 1249 wurde Faro den Mauren entrissen, 1577 Bischofssitz; heute ist es Zentrum von Wirtschaft und Bildung (Universität). Die Studenten sind Garanten für ein munteres Nachtleben, vor allem in der sogenannten „Rua do Crime" (Rua do Prior).

SEHENSWERT
Der Bogen **Arco da Vila**, im 19. Jh. über einem mittelalterlichen Mauerportal errichtet, gibt

---

Tipp

Palast und Hotel zugleich

Estoi ist ein freundliches Hinterlanddorf mit Palast (Urspr. 18. Jh., 1893–1909 neu erbaut). Der bewahrt, was dem Adel einst teuer war: Salons und Terrassen, Gärten mit Wasserspielen, Ruhebänken, Azulejos. Heute gehört das Anwesen zur Hotelkette der Pousadas. Die Erweiterung durch moderne Blocks dürfte nicht jedermanns Geschmack treffen, das Flair im Hauptbau, der auch Nichtgästen offensteht, dafür umso mehr. Guter „Vorwand" für einen Besuch ist ein Drink an der Bar oder die Einkehr im Restaurant.

€€/€€€ **Pousada Palácio de Estoi,** Rua São José, Tel. 210 40 76 20, www.pousadas.pt

INFOS & EMPFEHLUNGEN

den Weg in den Altstadtkern frei. Dort findet man die klobige **Sé** (Kathedrale; Mo.–Fr. 10.00 bis 17.30/18.30, Sa 9.30–13.00 Uhr; http://turismo.diocese-algarve.pt) mit Glockenturm, Kachelschmuck und Orgel sowie das **Museu Municipal** (Stadtmuseum; Juni–Sept. Di.–Fr. 10.00 bis 19.00, Sa./So. 11.30–18.00, Okt.–Mai Di.–Fr. 10.00–18.00, Sa./So. 10.30–17.00 Uhr; letzter Einlass immer 30 Min. vorher), das sich um den Kreuzgang des einstigen Klosters Nossa Senhora da Assunção (16. Jh.) legt. Die besterhaltenen Teile der **Stadtmauer** wenden sich zum Largo de São Francisco.

Außerhalb der Mauern die **Igreja do Carmo** (18. Jh., Largo do Carmo; im Sommer Mo.–Fr. 9.00–18.00, sonst bis 17.00, Sa. 9.00–13.00) mit der Knochenkapelle, **Capela dos Ossos**. Das **Centro Ciência Viva do Algarve** (Rua Comandante Francisco Manuel; Di.–So. 10.00 bis 18.00 Uhr; letzter Eintritt um 17.00 Uhr; www.ccvalg.pt) veranschaulicht Naturkunde, vor allem für Kinder, u.a. mit kleinen Aquarien.

Praia de Faro bei Tag und am Abend (oben); Weinprobe in der Kellerei der Quinta do Miradouro bei Albufeira (rechts).

UNTERKUNFT
Ein Block, dafür in zentraler Lage beim Hafen: das €€ **Hotel Eva** (Avenida da República 1, Tel. 289 00 10 00, www.ap-hotelsresorts.com).

RESTAURANTS
Die Fischervereinigung beliefert das €€ **Restaurante Vivmar** (Rua Comandante Francisco Manuel 8, Tel. 916 14 55 84). Bei der Kathedrale liegt das €€ **Cidade Velha** (Rua Domingos Guieiro 19, Tel. 289 82 71 45; So. geschl.) mit angenehmen Außenplätzen.

UMGEBUNG
Bootstouren in den Naturpark zu **Inseln** wie Deserta und Culatra. Auf dem Landweg südwestl. zur **Ilha de Faro** mit der **Praia de Faro**. 12 km nordwestl. liegt die **Igreja de São Lourenço TOPZIEL** mit prächtigen Azulejos.

INFORMATION
Rua da Misericórdia 8–12, Tel. 289 80 36 04, www.cm-faro.pt

❸ São Brás de Alportel

Dem Landstädtchen (12 000 Einw.) bescherte die Korkindustrie im 19./20. Jh. bescheidenen Wohlstand; wenige Fabriken haben überdauert.

SEHENSWERT
Korkmagnat Miguel Dias de Andrade ließ sich im 19. Jh. eine stattliche Villa errichten, heute Sitz des volkskundlichen **Museu do Traje** (siehe S. 108) mit historischen Trachten und Kutschen. In den einstigen Stallungen gibt es eine Dauerausstellung zum Thema Kork. Die **Ortsmitte** präsentiert sich mit Kopfsteinpflaster, Kachelfassaden und Igreja Matriz (Urspr. 15., Wiederaufbau 18. Jh.) bescheiden.

VERANSTALTUNGEN
Karneval; am Ostersonntag bedeutsame **Prozession**.

UMGEBUNG
Das ländliche Gepräge setzt sich nordwestl. in den Dörfern **Alte** (mit kleinem Quellgebiet), **Benafim** und **Salir** fort.

INFORMATION
Largo de São Sebastião 23, Tel. 289 84 31 65, www.cm-sbras.pt

❹ Loulé

Als Zentrum eines großen Gemeindebezirks trägt Loulé (20 000 Einw.) mit der 1908 eröffneten Markthalle städtischen Charakter.

SEHENSWERT
Vom mittelalterlichen **Castelo** ist nur ein kleines Mauerstück samt Turm erhalten. Das angegliederte **Museu Municipal** (Juni–Sept. Di. bis Fr. 10.00–18.00 und Sa. 10.00–16.30, Okt. bis Mai Di.–Fr. 9.30–17.30 und Sa. 9.30–16.00 Uhr; www.museudeloule.pt) bietet Einblick in eine traditionelle Küche und ein Archäologiemuseum, das allerdings nicht überbewertet werden darf. Nahe dem Kastell lohnt ein Besuch der **Ermida Nossa Senhora da Conceição** (gewöhnlich So./Mo. geschl.); das Kirchlein besticht im Innern durch Azulejo-Pracht. Auf einem Hügel außerhalb liegt das moderne **Santuario de Nossa Senhora da Piedade**.

VERANSTALTUNGEN
Karneval und **Festa da Mãe Soberana**, das Ostersonntag beginnende Patronatsfest, das zwei Wochen später seinen Höhepunkt erreicht.

EINKAUFEN
Samstags großer Zusatzmarkt um die **Markthalle** (siehe S. 114). Es gibt auch einige **Keramikshops** in der Innenstadt.

INFORMATION
Avenida 25 de Abril 9, Tel. 289 46 39 00, www.cm-loule.pt

❺ Vilamoura

In der Marina von Vilamoura (3000 Einw.) trifft sich rund um die Hafenbecken die Freizeit-, Shopping- und Ausgehszene. Lokale jedweder Preisklasse reihen sich aneinander.

AKTIVITÄTEN
Diverse Veranstalter bieten **Bootsausfahrten** an, von Sportfischen bis Sunset Cruise. Eine exklusivere Klientel im Blick haben die Champagne Cruises Vilamoura (Loja 11, Cais Q, Marina, Tel. 28 9 38 81 37, http://boatcharteralgarve.com).

UNTERKUNFT
Für Ausgehfreudige hat der Hotelblock €€€ **Crowne Plaza** (Rua do Oceano Atlântico, Tel. 289 38 16 00, www.crowneplazavilamoura.com) den Vorteil, nah am Geschehen der Marina zu sein. Studios und Apartments gibt es im €/€€ **Aldeamento Verde Pino** (Rua do Leme, Tel. 289 30 08 10, http://verdepino-vilamoura.com; mit kleinem Pool).

UMGEBUNG
Nordwestl. beginnt die **Praia da Falésia**, östl. verschmilzt Vilamoura mit dem zugebauten Fischerort **Quarteira**. Authentisch ist aber der dortige Fischmarkt, ansehnlich die Promenade; bei Quarteira beginnt die schöne **Praia do Forte Novo**.

„Oh meine Algarve, beeindruckend und sanft, lieblich hingestreckt in der Sonne schlummernd, voller unerfüllbarer, herrlicher Träume ..."

João Lúcio (1880–1918), in Olhão geborener Heimatdichter der Algarve

Quinta do Lago, südöstl. von Quarteira, gilt als „Portugals Beverly Hills", mit Golfplätzen und Nobelhotel €€€ **Conrad** (Tel. 289 35 07 00, www.conradalgarve.com). Am See von Quinta do Lago liegt ein Wassersportzentrum (Tel. 289 39 49 29, www.lagowatersports.com). Bei Quinta do Lago beginnen Wander- und Radwege durch den Naturpark **Ria Formosa**.

❻ Albufeira

Der Name der Stadt und Großgemeinde (25 000 Einw.) verweist auf die Mauren, die im Mittelalter den Handel zur Blüte brachten. Beim Erdbeben 1755 wurde Albufeira weitestgehend zerstört, ab den 1960er-Jahren setzte der Tourismus ein, samt Bau von Retortensiedlungen. Das Urlaubszentrum dehnt sich über mehr als 15 km Küste aus. Im Westteil liegen schöne Buchten und Strände wie die **Praia São Rafael**, die **Praia do Galé** und die **Praia do Castelo**; das Ostende steckt die **Praia da Falésia** ab. Die Ausgehzone ist als „Albufeira-Strip" bekannt (Avenida Dr. Francisco Sá Carneiro).

SEHENSWERT
Im Stadtkern um den **Largo Engenheiro Duarte Pacheco** und die **Rua 5 de Outubro** vibriert das Geschäftsleben. Am Ende der Rua 5 de Outubro führt ein Fußgängertunnel zur **Praia dos Pescadores**. In der Oberstadt liegen die **Igreja Matriz** (18. Jh.) und die **Ermida de São Sebastião** (18. Jh.).

AKTIVITÄTEN
Ab der Marina **Tagesausfahrten** entlang der Küste im Katamaran mit Algarve Charters (Tel. 289 31 48 67, www.algarvecharters.com). In der Gemeinde Guia wächst hervorragender Wein, bei dem der britische Popsänger Cliff Richard bis heute als Investor mitmischt. Infos unter Adega do Cantor/Quinta do Miradouro (Besuche Mo.–Fr. 10.00–13.00, 14.00–17.00 Uhr; Eintritt, Führung und Verkostung 10 €; Tel. 289 57 26 66, www.winesvidanova.com, Facebook-Seite).

UNTERKUNFT
Im Osten liegt der €€€ **Pine Cliffs Resort** mit weiten Wiesenanlagen traumhaft über den Klippen. Abgang zum Strand via Treppen oder Aufzug. Ebenfalls im Ostteil das luxuriöse €€€ **Epic Sana** im 8 ha großen Pinienwald über der Praia de Falésia (beide siehe S. 75). In der oberen Altstadt bietet das € **Hotel Vila Recife** (Rua Miguel Bombarda 12, Tel. 289 58 37 40, www.grupofbarata.com) Bett und Frühstück für den schmalen Geldbeutel.

RESTAURANT
Eine Traditionsadresse ist das €/€€ **Restaurante Três Coroas** (Rua do Correio Velho 8, Tel. 289 51 26 40, www.restaurante3coroas.com).

INFORMATION
Rua 5 de Outubro, Tel. 289 58 52 79, www.cm-albufeira.pt

MITTLERE ALGARVE

Genießen · Erleben · Erfahren

DuMont Aktiv

Wasserwege durch die Natur

„Ökologisch wertvoll" lautet das Prädikat für den Parque Natural da Ria Formosa. Das Lagunensystem des Naturparks beginnt gleich hinter dem Hafen von Faro. Eine günstige Gelegenheit, in See zu stechen und die Wasserwege zu erkunden, mit oder ohne eigene Muskelkraft.

Ganz gleich, ob im Kajak oder in einem restaurierten Motorboot der Makrelenfischer – sobald man den Hafen von Faro verlässt und die Wasserflächen des Schutzgebiets erreicht, fühlt man sich zutiefst im Einklang mit der Natur. Die Häuser der Stadt, die Bahnlinie, die gelegentlichen Jets im Anflug, das alles blendet sich irgendwie automatisch aus, sobald man mit etwas Glück erste Störche auf den Seegrasinseln entdeckt. Oder Silberreiher, Löffler, Krähenscharben, Kiebitzregenpfeifer. Vielleicht sogar einen Fischadler.

Kanäle und Tidenhub verlangen Ortskenntnis, deshalb sind bei einem Ökotourismusveranstalter wie Formosamar die Kajaktrips begleitet. Zudem erklärt der Guide die Arbeit der Muschelzüchter, die Lebensräume von Krabben oder Fischottern – und er kennt die richtige Stelle zur Rast.

Unterwegs in der Ria Formosa

Der Ökotourismusanbieter **Formosamar** veranstaltet ab Faro ganzjährig Ausfahrten in den Naturpark Ria Formosa.

Avenida da República, Stand 1, Doca de Recreio de Faro, Tel. 918 72 00 02, **www.formosamar.com**

Richtpreis für eine **vierstündige Kajaktour mit Guide:** 45 € pro Erwachsener. Für Kinder (6 bis 10 Jahre) muss man mit 20 € rechnen.

Eine **zweistündige Kanaltour im Motorboot** schlägt mit 25 € pro Erwachsener und 15 € pro Kind zu Buche.

Anfängliche Abstimmungsprobleme sind rasch überwunden. Hat man den Bogen erst mal raus, lässt sich das wunderbare Kajakrevier im Naturpark Ria Formosa durchforsten.

Unter Felstürmen und Delfinen

Steinerne Aushängeschilder der Algarve, konkurrenzlose Kulissen: die Felsgebilde und Meeresgrotten um die Ponta da Piedade bei Lagos. Fernab der Küsten- und Strandvielfalt werfen sich im Hinterland die Berge der Serra de Monchique mit dem 902 Meter hohen Fóia auf. Ganz im Westen schiebt sich das Kap São Vicente in den Atlantik.

Die große Küstenvielfalt: An der Praia Dona Ana in Lagos hält sie Sandstrandfreuden zwischen Kalksteinfelsen parat.

Strandvergnügen im Barlavento – so heißt der Küstenabschnitt zwischen Albufeira und dem Kap São Vicente, auch als Felsalgarve bekannt. Ganz oben die Praia de Benagil, darunter Urlaubslaune an Portimãos Praia da Rocha. Rechts sonnt sich das malerische Ferragudo im Abendlicht am Ufer des Rio Arade.

Auch nicht zu verachten: die Praia do Carvoeiro, „Dorfstrand" des angrenzenden Ortes. Eine Bucht an der Algarve ist halt malerischer als die andere. Wer die Wahl hat ...

> Voraus glitzert der Atlantik, während es im Hinterland seltsam rosa flimmert.

Olivia braucht eine Stärkung. Sie stoppt abrupt, macht den Pferdehals lang und beginnt laut hörbar mit dem Zermalmen der erbeuteten Dünengras-Snacks. Da nützen Zügel und gutes Zureden nichts. Dennoch ist sie ein „braves, zutrauliches Tier", wie Begleiterin Elsa beim Satteln auf dem Landgut Quinta da Saudade versichert hat. Geduldig trägt die Stute ihre Last durch die Sandhügel hinter dem Strand von Armação de Pêra. Eine Panoramarunde im Kleinformat, gut zwei Stunden. Voraus glitzert der Atlantik, im Hinterland flimmert es seltsam rosa. Eine Sinnestäuschung? Nein. Der See von Salgados beherbergt eine der größten Flamingokolonien der Algarve. Unablässig durchkämmen die grazilen Vögel das Wasser mit ihren Seihschnäbeln, werfen ihr Spiegelbild auf die Oberfläche. Nicht immer sieht man sie, heute schon. Ein stilles Abendschauspiel, Zeit zum Abstieg. Olivia nutzt die Gunst der Stunde und frisst in aller Pferdeseelenruhe weiter.

Tierisch faszinierend

Die Algarve bringt auf Trab und ist tierisch faszinierend, wie auch folgende Szenerie belegt. Der Atlantik vor Lagos, die See ist glatt, flaumige Wölkchen verdecken kurz die Sonne. Acht Seemeilen nach der Ausfahrt sind sie plötzlich da, als hätte irgendwer das Kommando gegeben: silbrig schimmernde Körper, die pfeilschnell durchs Wasser schießen und das Boot begleiten. „Die Erfolgschancen bei unserem Dolphinwatching liegen bei 95 Prozent", sagt „Seafaris"-Managerin Dalila. Ein mehr oder minder programmiertes Glück also, allerdings ohne Geld-zurück-Garantie. Natur ist Natur.

Heute ist die Spezies des Gewöhnlichen Delfins aufgetaucht, ein neugieriger, spielfreudiger Zeitgenosse. Als eines der Tiere einen Luftsprung vollführt, erklingt aus der Gruppe an Bord ein belustigter Ausruf: „Angeber!" Knapp zwanzig Minuten hält Skipper Ian Kontakt, dann peitscht er das Boot zurück zur Marina. Mission erfüllt, alle zufrieden.

Beschützer der Fischer

Lagos, ein vielgesichtiges Städtchen an der Mündung der Ribeira de Bensafrim, steckt voller Atmosphäre. Die Promenade am Fluss ergänzt den verästelten Hafenbereich, der Hafen den Markt, der Markt die nahen Strände, die Strände die kleine Festung, die Festung die Altstadt. Dort sprudelt das Leben um Café- und Kneipenterrassen; guter Einstiegspunkt ins Gassengeflecht ist die Praça Gil Eanes.

Einen besinnlichen Gegenpol schafft die Igreja Matriz, die ihr nüchternes In-

Szenenwechsel, auch hier fühlt man sich pudelwohl: Der Atlantik tritt in den Hintergrund, die Farbe Grün spielt die Hauptrolle. Vom Berg Fóia aus, soweit das Auge reicht, denn auf dem „Dach der Algarve" liegt einem die Serra de Monchique zu Füßen.

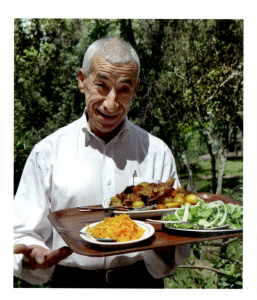

Wunderbarer wanderbar ist die Serra, und Wandern macht hungrig. Mit deftigen Wurst- und Fleischgerichten wartet das Restaurante Jardim das Oliveiras zwischen Monchique und dem Fóia-Gipfel auf.

Die ersten Badehäuser in Caldas de Monchique, dem einzigen Thermalbad der Algarve, entstanden im 17. Jahrhundert. Der Fremdenverkehr begann Ende des 19. Jahrhunderts. Heute sprudelt der Thermal- und Spakomplex munter weiter.

Das Grün ist Begleiter in der Serra de Monchique.

terieur spätestens dann vergessen lässt, wenn während der vollbesetzten Sonntagsmesse inbrünstig „Halleluja" geschmettert wird. Gegen den liturgischen Freudengesang kommt auch ein einzelnes Handyklingeln nicht an; verschämt drückt ein älterer Mann den Off-Knopf. „Das ist unser Gonçalo", sagt im Anschluss an die Messe eine Frau – und meint nicht etwa den Telefonsünder, sondern das Heiligenbildnis an einem Ehrenplatz neben dem Altarraum, das es hinreichend zu würdigen gilt. Gonçalo von Lagos, der Stadtpatron und Beschützer der Fischer, genoss bereits im Spätmittelalter Verehrung. Etwas oberhalb der Festung begegnet man ihm in Denkmalform wieder, hoch erhoben das Kreuz in der Rechten, der Kopf von Möwen zweckentfremdet als Lande- und Lastenabwurfplatz.

Für die Gemeinschaft der Gläubigen steht die nur zwei Straßenecken von der Igreja Matriz entfernte Kirche Santo António auf dem Abstellgleis. Und im Sinne der Kunstliebhaber ist das gut so. Der Sakralbau ist heute Teil des Stadtmuseums und erschlägt im Innern mit der üppigen Pracht des Barock. Azulejos und Blattgoldzier sind eine Sache, die Reihe großformatiger Gemälde mit Motiven aus dem Leben und Wirken des heiligen Antonius eine andere. Wer den angegliederten Museumskomplex durch-

Unter den Mauren war Silves Hauptstadt der Algarve. Das Kastell aus rotem Sandstein ist das Wahrzeichen der Stadt.

Silves´ Kathedrale in gotischem Stil (oben) wurde im 13. Jahrhundert über einer Moschee erbaut. Von 1242 bis 1577 war hier ein Bischofssitz. Das geschichtsträchtige Städtchen (rechts) liegt auf einem Hügel am rechten Ufer des Arade.

streift, bekommt ein buntes Sammelsurium aus Landschaftsgemälden, Bootsmodellen, archäologischen Exponaten und historischen Waffen zu sehen. Und ein kitschig gelocktes Jesuskind dazu.

Katzenkopf und Garage

Gesegnet ist Lagos mit einem Labyrinth aus bizarren Felsformationen um die benachbarte Ponta da Piedade, einem Klassiker unter den Bootsausflugstouren. Um die Piedade-Landspitze hat Mutter Natur ganze Arbeit geleistet. Hier haben Wasser und Winde die Küstenkulissen zu Bögen, Türmen und Megaskulpturen modelliert. Mittendrin liegen winzige Strände, Lebensräume von Seevögeln. Agaven klammern sich an die Abstürze, hoch oben am Festland verlaufen Pfade.

Käpten Chico umschifft routiniert die Klippen und sporn die Fantasie seiner Ausflugsfracht an. Für fast jedes Gebilde, jedes Inselchen, jeden Zacken hat er den passenden Namen parat: Katzenkopf, Hochzeitstorte, Gorilla. Ein schlafendes

Seitwärts flutet blaugrünes Licht herein, wie mit künstlichen Strahlern gesetzt.

Kamel, die Titanic in Kleinformat, ein Elefant, Pinocchio mit der langen Nase. In Zentimeterarbeit dringt Chico in Grotten vor, in denen das Meer wogt und gurgelt. Seitwärts flutet blaugrünes Licht herein, wie mit künstlichen Strahlern gesetzt. Noch stärker als durch Spitzen und Kanten ist die Aufmerksamkeit durch den Boots- und Kajakverkehr anderer Ausflügler gefordert; selbst in der Nebensaison herrscht reger Betrieb. Als der Käpten kurz vor dem Wendepunkt in eine Höhle steuert und „Garage" sagt, muss er selbst lachen.

Kein Strand wie der nächste

Dank ihrer Wasserqualität sind viele Strände mit der „Blauen Flagge" geadelt

Lagos ist bei Tag wie bei Dunkelheit sehenswert. An Restaurants herrscht kein Mangel, der Einstiegspunkt in die belebtesten Zonen liegt nahe der Praça do Infante. Benannt ist der Platz nach Prinz Heinrich dem Seefahrer (1394–1460), dem Wegbereiter der portugiesischen Entdeckungsfahrten.

Lagos´ Igreja de Santa Maria wurde nach dem Erdbeben von 1755 wiederaufgebaut. Rechts im Bild thront – seit seinem 500. Todestag – auf steinernem Sockel Heinrich der Seefahrer.

Obwohl Lagos einer der beliebtesten Touristenstützpunkte der Felsalgarve ist, hat es sich ein sympathisches Eigenleben bewahrt. Am Hafen (oben) wie in der Stadt gehen die Einheimischen ihren Alltagsdingen nach, ohne sich von den Urlaubern stören zu lassen.

> Die Lebensart hat die Zeiten überdauert, die Menschen geben sich Fremden gegenüber aufgeschlossen.

worden, doch welcher ist der schönste im Westen? Die Wahl fällt schwer, denn kein Küstenabschnitt gleicht dem nächsten. Zu den Favoriten zählt die feinsandige Praia do Zavial, die südlich von Raposeira einsam zwischen Felsmassiven liegt. Auch die kilometerlange Meia Praia bei Lagos, die Praia do Martinhal bei Sagres und die Praia de Beliche kurz vor dem sagenumwobenen Kap São Vicente haben ihre Reize.

An Stränden von Ferienorten wie Burgau, Luz oder Carvoeiro gilt es zu teilen: die Zugänge, die Eindrücke, die Liegeflächen ... Im Sommer stehen die Menschengrills auf voller Flamme, Strände wie diese sind keine Geheimtipps mehr.

Schön bleiben sie trotzdem. Ein Prädikat, das selbst für die Sandweiten von Praia da Rocha gilt. Dass der darüber liegende Ort und das benachbarte Portimão in Höhe und Breite flächendeckend zugebaut sind, muss man so hinnehmen. Da liegt die gute alte Algarve unter Beton begraben – daran messen darf man sie nicht.

Freundlich und kämpferisch

Ungeachtet mancher Bausünden und äußerer Einflüsse sind sich die Gegenden vielerorts treu geblieben. Die Lebensart hat die Zeiten überdauert, die Menschen geben sich Fremden gegenüber aufgeschlossen und ungekünstelt freundlich.

Die Becken der Marina in Lagos wurden 1995 am Flüsschen Bensafrim ausgehoben. Eine Fußgängerbrücke an der Flusspromenade verbindet Altstadt und Hafen.

Auf dem Platz und in den umliegenden Gassen pulsiert zur wärmeren Jahreszeit das Leben. Auf der Praça Gil Eanes in Lagos steht ein Denkmal für König Sebastião, das 1973 von João Cutileiro geschaffen wurde.

Bizarre Felsformationen: Algar Seco bei Benagil, östlich von Carvoeiro …

… und Praia Dona Ana am Rand von Lagos. Postkartenkulissen wie diese hat man nicht für sich allein – vor allem in der Hauptsaison muss man sie teilen.

Im Café bleibt immer Zeit für einen Espresso, von irgendwoher riecht es nach gegrillten Sardinen.

Im Café bleibt immer Zeit für einen Espresso, von irgendwoher riecht es nach gegrillten Sardinen. Und noch immer zieht man Fischerbötchen hoch in den Sand, treibt im Inland die Rinderherde durchs Dorf, leint frisch gewaschene Wäsche an der Straße auf.

Und die chronische Krisenstimmung in Portugal? Wer die Einheimischen auf schwere Zeiten anspricht, erfährt hinter vorgehaltener Hand von Schlupflöchern: dass der Automechaniker gern auch Fisch als Lohn akzeptiert und der Zahnarzt eine gewisse Menge an Erdbeerbaumschnaps. Der Tausch von Dienstleistungen und Gütern steht in bester Blüte, und zwar am Fiskus vorbei. Nach Auswegen aus Krisenzeiten gefragt, bekommt man mitunter eine kämpferische Antwort voller Nationalstolz: „Wir Portugiesen haben uns noch immer aus allem selbst befreien können!"

Maurisches Erbe

Apropos Befreiung: Mitte des 13. Jahrhunderts war es so weit. Nach einem halben Jahrtausend mohammedanischer Fremdherrschaft wurden die Glaubensfeinde endgültig im Zeichen des Kreuzes besiegt. Besonders hart umkämpft war Silves, ein politisch-religiöses Zentrum mit der größten Burg der Algarve. Bereits aus der Ferne setzt das rostbraune Kastell den Farbkontrast zu den Orangenplantagen im Umland. Wenn die Steine reden könnten, würden sie von den Blutflüssen während der ersten Eroberung 1189 unter König Sancho I. berichten und von den Mauren als Meistern der Wassertechnik. Wie schon die Römer, verstanden sich die Muselmanen vorzüglich darauf, aus jedweden Quellen Wasser abzuschöpfen, zu kanalisieren, zu verteilen, aufzufangen. Das unterstreicht die Hauptzisterne auf der Festung von Silves. Volkes Mund hat dem Speicher den Namen „Zisterne der verzauberten Maurin" gegeben und macht glauben, alljährlich in der Johannisnacht tauche ein Boot mit der Dame auf. Die Legende behauptet ferner, dass sich aus einer weiteren Burgzisterne der Rio Arade und der Ort Estombar erreichen lassen – durch unterirdische Tunnel.

Dach der Algarve

Hoch hinauf geht es auf den Fóia, mit 902 Metern das Dach der Algarve in der Serra de Monchique. In einem Taleinschnitt am Weg liegt der Komplex der Termas de Monchique, deren Heilwasser schon die Römer zur Behandlung von Rheuma und Atemwegserkrankungen nutzten. Wer dem Aberglauben und dem Traum vom Nichtaltern nachhängt, trinkt im Thermalpark aus dem „Brun-

Zwei Kilometer südlich der Praia Dona Ana liegt die Ponta de Piedade, ein grandioses Vorgebirge, das am Ende der Bucht von Lagos steil ins Meer abfällt. Die höchsten Felszacken …

WESTLICHE ALGARVE
70 – 71

... erheben sich zwanzig Meter aus dem Wasser und sind am besten vom Boot aus zu bewundern.

„Wer an der Küste bleibt, kann keine neuen Ozeane entdecken."

Magellan (Fernando de Magalhães, um 1480–1521)

Auf dem Weg an die Westspitze der Algarve passiert man das Dörfchen Salema …

… und gelangt ins historisch bedeutsame Sagres. Dessen Festung, die Fortaleza de Sagres, gilt als Zentrum der portugiesischen Entdeckungs- und Eroberungsgeschichte.

Die touristische Infrastruktur in und um Sagres ist mit den weiter östlich gelegenen Urlaubszentren nicht zu vergleichen.
Im Porto da Baleeira gehen die Fischer weitgehend ungestört ihrer Arbeit nach.

Die größte Sehenswürdigkeit nahe Sagres ist das stürmische, meerumtoste Cabo de São Vicente, der südwestlichste Punkt der Iberischen Halbinsel und somit des europäischen Kontinents. Der Leuchtturm wurde 1846 auf Veranlassung von Königin Maria II. gebaut.

Der heilige Vinzenz

Im Rabenschiff zum Kap

Special

Das Kap São Vicente trägt den Namen des heiligen Vinzenz. Laut Legende wurden seine Überreste dort vom 8. bis 12. Jahrhundert verehrt. Die Überlieferung weiß, dass Vinzenz aus Spanien stammte und im Jahre 304 seinen Glauben mit dem Leben bezahlte. In Valencia wurde er Opfer der Christenverfolgung unter Römerkaiser Diokletian. Folterknechte legten ihn auf einen Feuerrost, stießen ihm glühende Haken ins Fleisch, aber nichts davon führte zum Tod. Erst als ihn Statthalter Dacianus kurz auf weiche Decken betten ließ, starb Vinzenz. Der Leichnam wurde wilden Tieren zum Fraß vorgeworfen – sie rührten ihn nicht an. Da versenkte man ihn mit einem Mühlstein im Meer, doch er trieb ans Ufer zurück. Zwei Raben kamen und beschützten ihn, bis ihn fromme Leute fanden und begruben.

Im achten Jahrhundert gingen die Überreste des Heiligen auf Reisen. Ein führerloses Boot, begleitet von

São Vicente ist Schutzpatron der Seeleute.

Raben, brachte sie von Valencia zum südwestlichsten Landvorsprung der Iberischen Halbinsel. Dort, so weiß es die Legende, wurden die Reliquien fortan in einem Kirchlein verehrt, bis man sie 1173 nach Lissabon schaffte, wo sie noch heute ruhen.

Eine Kapelle ist nicht erhalten, wohl aber ein Reliquiar mit einem winzigen Knochenstück des Heiligen im Pfarrmuseum von Vila do Bispo. Wenn man dran glaubt.

nen der Jugend". Oder man nimmt, bevor man vor den Traualtar tritt, gemeinsam aus einer Hand einen Schluck aus der „Liebesquelle" – dann wird man niemals auseinandergehen. Nüchtern betrachtet schmeckt eigentlich alles nur wie kühles, frisches Gebirgswasser ...

Das Grün ist Begleiter in der Serra de Monchique, ein Großmosaik aus Kiefern, Korkeichen, Eukalyptus, Quitten, Maronen, Strauchwerk. Die Früchte des Erdbeerbaums fließen in die Produktion eines unverwechselbaren hochprozentigen Klaren, des Medronho. Auf der Fahrt zum Fóia fällt die Temperatur mit der

> **Das Kap São Vicente trägt den Namen des heiligen Vinzenz, der laut Überlieferung aus Spanien stammte.**

Höhe. Tief unten wellt sich das Küstenvorland aus, Dörfer und Anwesen liegen verstreut, über dem Atlantik hängt ein dramatischer Lichtdom. Antennenmasten setzen dem Fóia eine befremdliche Krone auf, Großparkplätze empfangen die Ankömmlinge. Und vereinzelte Steinmännchen, die ein Zeichen setzen: Man ist hier gewesen.

UNSERE FAVORITEN

Besondere Wellness-Hotels

Abtauchen in der Wohlfühloase

Endlich Ferien! Die Seele baumeln lassen, ausspannen, die Akkus neu aufladen. Für das Rundum-Wohlbefinden sind Unterkünfte von der Stange meist wenig geeignet. Wir verraten Ihnen einige besondere Adressen, wobei es nicht unbedingt hochpreisig zugehen muss.

① Cascade Wellness & Lifestyle Resort

Eine Anlage von 38 Hektar in der Feriengemeinde Lagos – der Atlantik und die Traumszenerie der Ponta da Piedade liegen quasi vor der Haustür. Als wären das nicht Vorzüge genug, gibt es noch den großen Außenpool, Fitnessgeräte auf dem allerneuesten Stand und den „Tainai Spa". Bei den Gesichts- und Körperbehandlungen wirken Düfte und Heilkräfte aus mehreren Kontinenten. Bei den Massagen kommen auf Wunsch heiße Steine zum Einsatz, und Sportler können sich im Wellnessbereich speziell durchkneten lassen.

Rua das Ilhas,
8600 Lagos,
Tel. 282 77 15 00,
www.cascaderesort algarve.com

② Bela Vista Hotel & Spa

Komfort, Tradition und Moderne gehen hier eine wohltuende Symbiose ein. Der Ursprung des Anwesens liegt im 19. Jahrhundert. Der Spa-Bereich wird als exklusive Oase gepflegt, mit Sauna, Hamam, Fitness Lounge und mehreren Räumen für Anwendungen, darunter auch solche für Paare. Wohlig relaxen kann man natürlich auch am Freiluftpool.

Avenida Tomás Cabreira,
Praia da Rocha,
8500 Portimão,
Tel. 282 46 02 80,
www.hotelbelavista.net

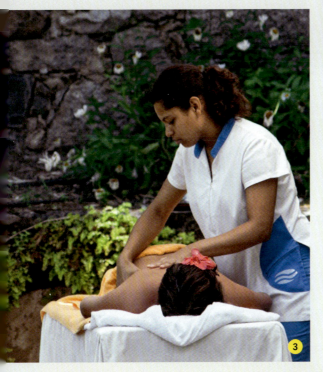

3 Villa Termal das Caldas de Monchique Spa Resort

Dass in Monchique die einzige Therme der Algarve sprudelt, war bereits den Römern bekannt, die hier Linderung bei Atemwegs-, Muskel-, Knochen- und Gelenkproblemen suchten. Im Spätmittelalter aalte sich König João II. im warmen Heilwasser, im 17. Jahrhundert nahmen erste Badehäuser Gestalt an. Heute verteilen sich über den Thermalort mehrere Unterkünfte unter dem Dach einer Zentralreservierung. Die Therme im Vorgebirge der Serra de Monchique entspricht mittlerem, keinem Luxusniveau. Der kleine Park lädt zum Spaziergang ein.

Caldas de Monchique,
8550 Monchique,
Tel. 282 910 9 10,
www.monchique
termas.com

4 Pine Cliffs Resort

Wellness für Auge und Ohr ist allein schon die Lage hinter dem Steilküstenstrand Praia da Falésia, die ihren Wellenschlag hinaufschickt. Auszeiten nimmt man sich im Freiluftpool, im Fitnessbereich, der Champagner-Bar oder in einem der feinen Restaurants. Entspannungsmomente verheißen außerdem Streifzüge durch das umliegende Wiesen- und Pinienareal.

Praia da Falésia,
8200 Albufeira,
Tel. 289 50 03 00,
www.pinecliffs.com

5 Vilalara Thalassa Resort

Wohlbefinden erster Güte, das innere Gleichgewicht wiederfinden, Körper und Geist in Einklang bringen – dabei hilft die Thalassotherapie, die auf dem Einsatz von Meereswasser basiert. Diese und andere Anwendungen lassen sich in dem Luxushotel individuell zusammenstellen. Das gehobene Preisniveau entspricht den Ansprüchen und der Qualität.

Praia das Gaivotas,
Alporchinhos, Porches,
8400 Lagoa,
Tel. 282 32 00 00,
www.vilalararesort.com

6 Epic Sana Algarve

Hier ist der Boden im Grünen bereitet für einen entspannenden Aufenthalt in modernem Design. In der weitläufigen Anlage gibt es fünf Außenpools (davon zwei für Kinder), ein Hallenbad, den rund um die Uhr geöffneten Fitnessbereich. Im exklusiven Wellnesscenter „Sayanna" kann man Massagen genießen oder Sauna und Dampfbad besuchen (gegen Gebühr).

Pinhal do Concelho,
Praia da Falésia,
Olhos d'Água,
8200 Albufeira,
Tel. 289 10 43 00,
www.algarve.epic.sana
hotels.com

INFOS & EMPFEHLUNGEN

Klippen und Gebirge

Alles braucht seine Zeit, auch die Anfahrten zu den Stränden. Mitunter liegen sie ein gutes Stück von den Durchgangsstraßen entfernt und zeigen, begrenzt von Klippen, dass man es im Westen mit der Felsalgarve zu tun hat. Landschaftliche Kontrapunkte setzen die Serra de Monchique und das Kap São Vicente.

❶ Carvoeiro

Einst Fischerdorf, seit langer Zeit schon eine feste Größe im Ferienleben der Westalgarve – so lässt sich der Ort (3000 Einw.) in Kurzform skizzieren.

AKTIVITÄTEN

Bootstouren führen an der zerklüfteten Küste entlang. Wer lieber an Land bleibt, kann oberhalb der Klippen auf der schönen **Stegpromenade** Richtung Algar Seco spazieren; Einstieg bei der Kirche Nossa Senhora da Encarnação.

UNTERKUNFT

Oberhalb der Hauptstrandzone und in Richtung der Kirche Nossa Senhora da Encarnação bietet die €/€€ **Casa Luiz** (Rampa Nossa Senhora da Encarnação 5, Tel. 282 35 40 58, www.casaluiz.com) Unterkunft in Form zweier Gästezimmer, eines Studios und eines Apartments. Einen guten **Überblick** über Apartments und Villen gibt www.carvoeiro.com.

RESTAURANT

An die Praia do Carvoeiro drängt sich eine Restaurantzone mit Terrassenplätzen; populärer Treffpunkt, um die Bühne des Lebens zu überblicken, ist das € **Grand Café**.

UMGEBUNG

Richtung Westen liegt in einer Felsbucht die **Praia do Paraíso**; weiter auf die Mündung des Rio Arade zu folgen Strände wie die **Praia Caneiros** und das freundliche **Ferragudo** mit mehreren Strandabschnitten. Tipp für die große Wohn- und Einkaufsstadt **Portimão**: das in einer ehemaligen Konservenfabrik untergebrachte Stadtmuseum (Rua D. Carlos I, Zona Ribeirinha; Aug. Di. 19.30 bis 23.00, Mi.–So. 15.00–23.00, sonst Di. 14.30–18.00, Mi.–So. 10.00–18.00 Uhr; www.museudeportimao.pt). Aufmachung und Exponate lassen sehr anschaulich in die Vergangenheit und ihre Wirtschaft eintauchen. Auf Portimão folgt das laute Ferienziel **Praia da Rocha**, mit schöner Aussicht von den Überbleibseln des kleinen Kastells (Fortaleza de Santa Catarina; 17. Jh.), dann das beschaulichere, an die vogelreiche Ria de Alvor stoßende **Alvor**.
Im Osten von Carvoeiro setzt **Algar Seco** mit schönen Felsformationen und -grotten ein Ausrufezeichen. Weiter östl. setzt sich das zer-

klüftete Gepräge mit Stränden wie der **Praia do Carvalho**, der **Praia de Benagil** und der **Praia da Marinha** fort. Leuchtend hell erhebt sich über der Steilküste die **Capela Nossa Senhora da Rocha** (mit Marienbildnis, 16. Jh.). In **Armação de Pêra** splittet sich der Strand in die kleine Praia dos Pescadores und die lange, dünenbegrenzte Praia Grande. Dahinter liegt die **Lagoa dos Salgados**, Lebensraum für viele Seevögel (siehe S. 79). An der Straße von Armação de Pêra nach Albufeira Abzweig zur **Quinta da Saudade**, die Reittouren bis zur Küste anbietet (Vale Parra, Tel. 964 94 29 29, www.cavalosquintada saudade.com).
Im Hinterland von Carvoeiro lockt **Estombar** mit einem hochpreisigen Aquapark (Ostern bis Anfang Nov.; www.slidesplash.com; Eintritt 27 €, Kinder 20 €). **Lagoa** ist Sitz einer Winzervereinigung (Adega Cooperativa; Estrada Nacional 125, Tel. 282 34 21 81; Führungen gewöhnlich nur nach Voranm.). Die Weinproduktion ist ein Business, eine ins Gebäude integrierte Kunstgalerie eine andere Sache. Dabei handelt es sich um die ganzjährig geöffnete Lady in Red – Galeria de Arte (Mo.–Sa. 10.00–18.00 Uhr; http://galeria-de-arte.net).

INFORMATION

Praia do Carvoeiro, Tel. 282 35 77 28

*Birdwatching in der Ria de Alvor;
Felsformationen Algar Seco bei Carvoeiro*

❷ Silves

Historisch wichtiges Städtchen (11 000 Einw.), das unter den Mauren im 11. Jh. zur Algarvehauptstadt aufstieg und Mitte des 13. Jh. endgültig in die Hände der Christen fiel.

SEHENSWERT

Wahrzeichen des Ortes ist das große, zinnenbesetzte **Castelo** (Juli/Aug. tgl. 9.00–22.00, April–Juni und Sept.–Mitte Okt. tgl. 9.00–20.00, sonst bis 17.30 Uhr), erbaut aus Lehm und rotem Sandstein. Am Zugang erinnert ein Denkmal an König Sancho I., der 1189 erstmals zum Sturm auf die Festung blasen ließ und dabei Unterstützung durch Kreuzritter erhielt. Das Kastell lädt zu Turm- und Mauererkundungen ein, stellenweise haben die Restauratoren etwas übertrieben. In Nachbarschaft der Burg liegt mit der **Sé** (Urspr. 13. Jh.; Mo.–Fr. 9.00 bis 17.00 Uhr) die älteste Kathedrale der Algarve.

VERANSTALTUNGEN

Etwa Mitte Febr. Orangenschau (**Mostra Silves Capital da Laranja**), etwa Mitte Aug. **Feira Medieval,** der Mittelaltermarkt.

INFORMATION

Estrada Nacional 124, Tel. 282 44 08 00, www.cm-silves.pt

Monchique

...aldorf mit wirklich ...üppigem Grün, an ...üdausläufern der Serra de Monchique gelegen; die Nationalstraße führt in einer großen Schleife herum. Im 17. Jh. entstanden die ersten Badehäuser, Ende des 19. Jh. setzte der Fremdenverkehr ein. Die mineralhaltigen Wasser kommen mit 32° C aus der Erde.

SEHENSWERT
Die kleine **Parkanlage** mit Eukalyptusriesen und Picknicktischen steht jedermann offen.

UNTERKUNFT
Über den Ort verteilen sich einige €/€€ **Unterkünfte**, die unter dem Reservierungsdach der **Villa Termal das Caldas de Monchique Spa Resort** stehen (Tel. 282 91 09 10, www.monchiquetermas.com; vgl. auch S. 75). In das nüchterne **Hotel Termal** ist der Indoor-Thermalkomplex integriert, das **Hotel Central** bewahrt historisches Flair.

RESTAURANTS
An den Zentralplatz stößt das €€/€€€ **Restaurante 1692**. Den kleineren Hunger und Durst stillt die Weinbar € **O Tasco**.

UMGEBUNG
Wandermöglichkeiten in die **Serra de Monchique** TOPZIEL bis zum Berg Picota (773 m).

> **Tipp**
>
> ### Bergrestaurant am Fóia
>
> Deftige Wurst- und Fleischgerichte sprechen für das Bergrestaurant, zu dem hinter Monchique an der Auffahrt zum Fóia ein Schild nach rechts weist. Umgeben von Olivenhainen, kommt im rustikalen Lokal oder auf der Terrasse typische Hausmannskost wie Zicklein, Wildschwein oder Kichererbseneintopf auf den Tisch.
>
>
>
> €€ **Jardim das Oliveiras**,
> Sítio do Porto Escuro,
> Tel. 966 24 90 70,
> http://jardimdasoliveiras.com

Kurort Caldas de Monchique; Lagos: Blick vom Forte Ponte da Bandeira; Keramik en gros bei Vila do Bispo

Nordwärts Auffahrt ins Bergland bis zum Ort **Monchique** mit einer Kirche mit manuelinischem Portal; von dort 8 km Fahrstrecke zum **Fóia** (902 m), dem höchsten Gipfel der Algarve. An der Straße Richtung Küste liegt der **Parque da Mina** (April–Sept. tgl. 10.00–19.00, sonst bis 17.00 Uhr, Nov.–März Mo. und Di. geschl.; www.parquedamina.pt; Eintritt 10 €, Kinder 6 €), wo es u. a. Farmtiere und eine altherrschaftliche Villa mit historischer Einrichtung zu sehen gibt; der Name rührt von einem stillgelegten Erzbergwerk her.

Lagos

Sprungbrett zu Stränden und Meeresgrotten, lebhafte City, geschichtsträchtiges Pflaster – die 20 000-Einw.-Stadt hat eine Menge zu bieten. Die Fäden laufen an der Praça do Infante und der Praça Gil Eanes zusammen; ein Fußgängersteg verbindet Flusspromenade und Marina.

SEHENSWERT
Kulturelles Highlight ist die **Igreja de Santo António,** die mit dem Stadtmuseum, **Museu Municipal,** eine Einheit bildet (Rua General Alberto da Silveira; Di.–So. 10.00–13.00, 14.00 bis 18.00 Uhr). Die in prächtigem Barock ausstaffierte Kirche datiert ins 18. Jh., die Folge der Gemäldetafeln aus dem Leben des hl. Antonius gehen auf José Joaquim Rasquinho zurück. Der Beiname des 1930 eröffneten Stadtmuseums mit bunt zusammengewürfelten Exponaten erinnert an den Gründer José Formosinho. An die **Praça do Infante** stoßen der historische **Sklavenmarkt** (Gebäude mit Arkadenfront; kleines Museum, Di.–So. 10.00–12.30 und 14.00–17.30 Uhr) und die **Igreja Matriz** (15./16. Jh.) mit einer Skulptur des hl. Gonçalo von Lagos (1360–1422). Nach dem Heiligen ist mit der **Porta de São Gonçalo** das schönste erhaltene Stadtmauertor benannt; ein Monumentalbildnis zeigt ihn auf dem Freiplatz beim **Forte Ponta da Bandeira** (Di.–So. 10.00 bis 12.30 und 14.00–17.30Uhr). Die kleine Festung wurde Ende des 17. Jh. zum Schutz der Flussmündung erbaut und gibt ostwärts den Blick auf das lange Sandband der **Meia Praia** frei. Ganz anders sieht es um die Landspitze **Ponta da Piedade** TOPZIEL aus, wo sich kleine Badebuchten zwischen die Klippen zwängen. Über den Klippen hat man schöne Ausblicke.

MUSEEN
Klein und interaktiv aufgezogen, macht das **Centro de Ciência Viva** (oberster Stock des Marktgebäudes; Di.–So. 10.00–18.00 Uhr; http://lagos.cienciaviva.pt) u. a. mit der Ära der portugiesischen Entdeckungen vertraut. An der Marina thematisiert ein Wachsfigurenkabinett, das **Museu de Cera dos Descobrimentos** (tgl. 10.00–18.00 Uhr; www.museuceradescobrimentos.com; Eintritt 6 €, Kinder 4 €), das Zeitalter der Entdeckungsfahrten.

AKTIVITÄTEN
Ab der Marina Start zu **Grottentouren** und zum **Dolphinwatching**; ein Anbieter ist Seafaris (Tel. 282 79 87 27, www.seafaris.net).

UNTERKUNFT
Die Lage bei der Marina und der große Pool sprechen für das €€€ **Marina Club Lagos Resort** (Tel. 282 79 06 00, www.marinaclub.pt) mit Studios und Suiten; in der Nebensaison purzeln die Preise. Unterkunft in Hafennähe auf der Zentrumsseite bietet die €€ **Albergaria Marina Rio** (Avenida dos Descobrimentos, Tel. 282 78 08 30, www.marinario.com).

RESTAURANTS
Lebhaft geht es in der Fußgängerzone zu, die um die Rua Afonso d'Almeida und Rua 25 de Abril mit reichlich Kneipen und Lokalen wie dem €€ **Don Sebastião** (Rua 25 de Abril 20, Tel. 282 78 04 80, www.restaurantedonsebastiao.com) aufwartet. Günstiger ist es nahe dem Marktgebäude in der großen € **Adega da Marina** (Avenida dos Descobrimentos 35, Tel. 282 76 42 84).

UMGEBUNG
Alternativ zu Lagos empfehlen sich westwärts die freundlichen Strandorte **Luz** und **Burgau** als Stützpunkte mit kleinen Unterkünften. An der nach Westen verlaufenden Landstraße Lagos–Vila do Bispo liegen die Abzweige zu weiteren Stränden wie der **Praia de Salema**

und zum **Zoo Lagos** (Barão de São João, www.zoolagos.com; April–Sept. tgl. 10.00 bis 19.00, sonst bis 17.00 Uhr; Eintritt 16 €, Kinder 12 €). Außerdem der Abzweig zur **Ermida da Nossa Senhora de Guadalupe,** einer Kapelle, in der sich schon Heinrich der Seefahrer im 15. Jh. zur Messe einfand, mit kleinem Museum (Mo. geschl.).

INFORMATION
Praça Gil Eanes, Tel. 282 76 30 31, www.cm-lagos.pt

5 Sagres

Die Besiedlung der Gegend ist seit vorrömischer Zeit bekannt; im Spätmittelalter begründete Heinrich der Seefahrer die Vila do Infante, wo er 1460 verstarb. 1587 zerstörte Francis Drake den Ort. Heute zählt Sagres rund 2000 Einw., die touristische Infrastruktur hat an Attraktivität gewonnen. Ausschlaggebend ist die Nähe zum Kap São Vicente und zu Stränden.

SEHENSWERT
Über ein schroffes Vorplateau südwestl. ziehen sich die Reste der **Fortaleza de Sagres** (Mai bis Sept. tgl. 9.30-20.00, Okt.–Apr. 9.30–17.30 Uhr; www.monumentosdoalgarve.pt), die das Andenken an Heinrich den Seefahrer leidlich bewahrt. Die Bausubstanz ist spärlich. Trotzdem empfiehlt sich der Besuch, vor allem wegen des Blicks bis zum Cabo de São Vicente; hinter dem Festungskirchlein beginnt ein Wegenetz. Im Ostteil des Ortes befindet sich der fotogene **Fischerhafen,** an den sich die **Praia do Martinhal** anschließt. Zur Kapseite hin liegt die **Praia do Tonel.**

UNTERKUNFT
Beliebt bei Familien: das außerhalb gelegene €€€ **Martinhal Beach Resort & Hotel** (Tel. 218 50 77 88, www.martinhal.com). In der Nähe des Hafens kommt man im €€/€€€ **Memmo Baleeira Hotel** (Sítio da Baleeira, Tel. 282 62 42 12, www.memmohotels.com) unter.

UMGEBUNG
Am **Cabo de São Vicente TOPZIEL** ragt der gedrungene Leuchtturm wie ein Wächter aus der Landschaft. An der Zubringerstraße finden sich Reste der Festung Santa Catalina und der Abgang zur **Praia do Beliche,** Endstation vor dem Kap ist der Großparkplatz mit Standrummel. Um das Kap sind die Ausblicke unschlagbar. Es gibt ein kleines Museum (April–Sept. Di.–So. 10.00–18.00, sonst bis 17.00 Uhr) u. a. mit Bootsmodellen von Karavellen sowie nautischem Gerät. Nächster Ort nordöstl. ist **Vila do Bispo,** wo die Igreja Matriz (17./18. Jh.) an den Hauptplatz grenzt; im Kircheninnern überraschen Deckendekor und das Pfarrmuseum. Anfahrt zur schönen **Praia do Zavial** östl. von Vila do Bispo über **Raposeira.**

INFORMATION
Rua Comandante Matoso, Tel. 282 62 48 73, www.sagresonline.com

---

WESTLICHE ALGARVE
78 – 79

Genießen   Erleben   Erfahren

Birdwatching

DuMont Aktiv

Lust auf ein besonderes Naturerlebnis? In den Feuchtgebieten der Algarve wird dem interessierten Beobachter die bunte, vielgesichtige Vogelwelt wie auf dem Präsentierteller dargeboten. Man muss ihr nur mit Fernglas und Teleobjektiv zu Leibe rücken, was auch in Eigenregie gut möglich ist. Und Geduld haben.

Rote Beine, orangeroter Schnabel, schwarz-weißes Gefieder – ein Austernfischer! Ganz deutlich ist er durchs Fernglas zu sehen. Genau wie Uferschnepfe, Goldregenpfeifer und Rotschenkel gehört er zu den Watvögeln, die in der Ria de Alvor vorkommen. In Feuchtgebieten wie diesen finden sie einen reich gedeckten Tisch, den es allerdings mit Brandseeschwalben, Sichelstrandläufern und vielen anderen zu teilen gilt.

Ornithologen haben allein in der Ria de Alvor über 200 Vogelarten dokumentiert, sei es als ständige Bewohner, als Überwinterungsgäste oder als Kurzzeitbesucher auf dem Weg nach Afrika. Als bester Beobachtungsmonat gilt der Oktober, als unergiebigster der August.

Birdwatching ist überall möglich, in Begleitung von Naturexperten oder auf eigene Faust. Ein beliebter Spot ist auch die Lagoa dos Salgados, ein Flachwassersee bei Armação de Pêra, unweit der Dünenbarriere zum Atlantik. Der Fokus ist hier vor allem auf die Flamingokolonie gerichtet, außerdem gibt es Moorenten und Purpurhühner. Da die Natur jedoch unberechenbar ist, besteht keine Gewähr, punktgenau bei der Ankunft Beobachtungsglück zu haben.

Stelzenläufern, Seidenreihern und Co. kann man an der Ria de Alvor begegnen.

Hotspots zur Vogelbeobachtung

Lagoa dos Salgados
Südöstl. von Armação de Pêra über eine Pistenzufahrt zur Praia Grande; guter Beobachtungspunkt am Parkplatz

Ria de Alvor
Westl. des Ortes Alvor; Zufahrt im Hinterland ab der Hauptstraße Lagos–Portimão

Mit Expertenbegleitung
Birdwatching-Touren organisiert in Kleingruppen der in Faro ansässige Veranstalter Lands.

Preis für eine 3-Std.-Tour
140 € für bis zu vier Teilnehmer (Ferngläser werden bei den Ausflügen gestellt)

Adresse
Edifício Ginásio Clube Naval, Doca de Recreio de Faro, Tel. 914 53 95 11, http://lands.pt

Spektakuläre Kulisse

Wer Einsamkeit und wilde Natur schätzt, wird den Südwesten mit seiner intakten Küstenlandschaft lieben. Strände und Buchten sind deutlich weniger frequentiert als in den leichter erreichbaren Teilen der West- bis Ostalgarve. Costa Vicentina heißt der untere, Costa Alentejana der obere Teil – Heimat verwegener Muschelsammler, ein Dorado für Surfer und Nistplatz von Störchen auf spektakulären Felsenthronen.

Die Costa Vicentina – hier die Praia da Cordoama bei Vila do Bispo – ist ein karges, raues und doch traumhaft schönes Naturparadies.

Die touristische Infrastruktur ist einfach, aber es gibt sie: Strandbars an der Praia do Castelejo (oben links) und über der Praia do Amado (unten links und oben rechts).
Carrapateira mit seiner Windmühle (unten rechts) liegt zwar im Inland, ist aber als Surferquartier beliebt. Die nächsten Strände sind nicht weit.

"Das Klima, die Natur, der Atlantik, wenig Leute", zählt Miguel Godinho auf und zieht sein Fazit: „Ich kenne keinen besseren Platz zum Leben." Ursprünglich stammt der sympathische Kahlkopf aus Zentralportugal, lange war er als Farmmanager im regengesättigten England tätig. In den 1990er-Jahren fand er im eigenen Land das Terrain für eine neue Existenz. „Da standen Lehmhäuser mit eingestürzten Dächern, es gab kein fließendes Wasser und keinen Strom", erinnert sich Miguel an das 150 Jahre alte Farmgelände beim Dorf Brejão. Er kaufte das Areal, zu dem ein Privatsee gehört, und baute es Stein für Stein zum Landgasthaus um, bestehend aus sechs Einheiten. Jede ist ein schmuckes Unikat, dem man die Liebe zum De-

Salzgeruch hängt in der Luft, aus der Ferne erklingt Brandungsdonner.

tail ansieht. Cerro da Fontinha heißt die Adresse heute. Das Gros des Energiebedarfs decken eigene Solarkollektoren, denn fünf von sechs Tagen im Jahr sind Sonnentage. „Hier gibt es keine Industrie, die Umwelt soll so wenig wie möglich belastet werden", sagt Miguel.

Landunterkünfte wie die von Miguel sind kleine Paradiese, Refugien abseits der großen Touristenströme. Typisch Südwesten, wo außerdem alles auf überschaubarem Raum bleibt: wunderbare Strände wie um Vila Nova de Milfontes, Felder und Flussläufe, geruhsame Städtchen wie Santiago do Cacém.

Traumhaft schöne Fernwanderroute

Einem kleinen hartnäckigen Kern aus Outdoor-Enthusiasten ist es zu danken, dass mit der Rota Vicentina eine traumhafte Fernwanderroute den Südwesten durchläuft. Gesplittet in den küstennahen „Fisherman's Trail" und den „His-

Mit ungebremster Wucht branden die Atlantikwellen gegen die Costa Vicentina an. Blicke wie dieser bei Zambujeira do Mar öffnen sich dem Wanderer auf der Rota Vicentina.

Die Binnenroute der Rota Vicentina führt durch Weingärten und Felder, vorbei an Korkeichen, wie hier bei Aljezur.

Die Windmühle von Odeceixe wurde aufwendig restauriert und ist noch voll funktionstüchtig.

Odeceixe empfängt seine Besucher mit freundlichem Flair. Hotelburgen gibt es hier nicht, mehr als drei Etagen lassen die Naturparkbestimmungen nicht zu.

Miróbriga

Die alten Römer

Special

Die Ruinen von Miróbriga am Südostrand von Santiago do Cacém belegen, dass sich im Südwesten bereits die Römer wohlfühlten.

„Bis zu 2500 Menschen könnten in Miróbriga gleichzeitig gelebt haben", mutmaßt Guide José Tiago auf dem Weg zum Ausgrabungskomplex. Die Bewohnerzahl ist ebenso wenig gesichert wie die Annahme, Miróbriga könnte aus keltischer Hand erobert worden sein und als ländliches Sanktuarium gedient haben. „Aus heutiger Sicht deutet mehr auf eine Stadt von gewisser Bedeutung hin", erklärt José Tiago. Fest steht, dass sich Miróbriga nicht mit der symmetrischen Anlage anderer Römerstädte deckt und dass es im 4. Jh. n. Chr. verlassen wurde.

Erster Höhepunkt des Rundgangs sind die Thermen, die zu den besterhaltenen in Portugal zählen. Die Strukturen der Umkleiden und Badebereiche sind deutlich zu erkennen. Die Latrine war geselliger Treff, die nahe Brücke führte zum Hippodrom. Zweites Highlight ist der Hauptplatz mit dem benachbarten Tempel.

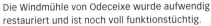

Schon zur Römerzeit besiedelt: Miróbriga

torischen Weg" im Inland, stehen samt ergänzenden Rundwegen zwischen Santiago do Cacém und dem Kap São Vicente rund 450 Wanderkilometer zur Wahl. Dabei geht es durch den Parque Natural do Sudoeste Alentejano e Costa Vicentina, einen 75 000 Hektar großen Naturpark, in dem jede größere Bebauung untersagt ist.

Ein Selbstläufer ist der Weg allerdings nicht. Manche Abschnitte führen hoch über der Steilküste durch tiefen Sand, Schatten ist rar, und bei klippennahen Passagen ist Vorsicht geboten wie bei (selten auftretenden) Niederschlägen. Sicherlich wird nicht jeder Urlauber mit Rucksack, Teleskopstöcken und festen Wanderabsichten nach Portugal reisen, doch es reicht bereits eine Tagestour von Zambujeira do Mar nach Odeceixe, um auf den Geschmack zu kommen.

Zistrosen und Störche

Salzgeruch hängt in der Luft. Aus der Ferne erklingt Brandungsdonner, der schon Portugals bekanntester Fadosängerin Amália Rodrigues (1920–1999) wie Musik in den Ohren klang; ganz in der Nähe stand ihr einsames Ferienhaus. Blau-grüne Holzpflöcke zeigen den Verlauf der Rota Vicentina, die sich nach einer Inlandsschleife Richtung Ozean zurückzieht. Kurz an einem Bachlauf ent-

Der Blick von der mittelalterlichen Festung über Santiago do Cacém transportiert Beschaulichkeit.

Vila Nova de Milfontes liegt am Mündungstrichter des Rio Mira. Bis Mitte des 20. Jahrhunderts als Hafen bedeutsam, ist das Städtchen zur wärmeren Jahreszeit heute ein beliebtes Ferienziel.

Fluss- und Meerpanorama hat der Vorplatz des kleinen Kastells aus dem 17. Jahrhundert in Vila Nova de Milfontes zu bieten.

In Almograve suchen Urlauber keinen Trubel. Sie kommen wegen des Strands, der über einen Holzsteg durch die Dünen erreichbar ist.

lang, durch einen Pflanzentunnel, flankiert von lila Windengewächsen, bis sich das Panorama plötzlich mit Allgewalt öffnet. Wie in einem riesigen Aquarell liegen Klippen und Meer da, in der Tiefe begrenzt vom braungelben Band der Praia da Amália. Keck ragen Felsnasen auf, Möwen bepunkten den Strand.

Es fällt nicht leicht, sich von solchen Anblicken zu lösen, doch die Vielfalt der Natur bleibt Leitmotiv auf dem Trail. Im Sonnenlicht glitzert ein winziger Wasserfall, Wacholdersträucher stehen windgebeugt da, Teppiche aus Mittagsblumen reichen bis an Felsabstürze mit bizarren Formationen. Erika und Grasnelken blühen, Hauhecheln, Meerfenchel, violette Strandlevkojen, Lackzistrosen mit ihren klebrigen Blättern. In der Vogelwelt kommen Basstölpel vor, um Azenha do Mar thronen gewaltige Storchennester auf den Klippen. Sie stellen eine absolute Besonderheit dar, denn die Störche bleiben ganzjährig hier.

Farmland und Entenmuscheln

In manchen Gebieten leben schätzungsweise achtzig Prozent der Menschen von der Landwirtschaft. Die fruchtbaren Böden bringen Kartoffeln und Salate hervor, Mais, Erdbeeren, Himbeeren. Frisch geschnittene Gladiolen und Blumenfarne gehen in den Export, dem Hausbedarf dienen Granatäpfel, Walnüsse, Pfirsiche. Nicolau da Costa schwört auf Öko-Obst aus dem eigenen Garten. Beruflich fährt er zweigleisig: Er ist Wanderführer im Naturpark und offiziell registrierter Entenmuschelsammler, also Percebeiro. Die Entenmuscheln, *percebes*, gelten als Delikatesse und sind äußerst rar. Sie zu finden ist ein riskanter Job.

Nicolau passiert zu Fuß schwindelerregende Vorsprünge, seilt sich mit

In manchen Gebieten leben achtzig Prozent der Menschen von der Landwirtschaft.

Beutenetz und Klingenwerkzeug fünfzig, mitunter hundert Meter tief zu Felsen ab, an denen die Muscheln wachsen. „Du darfst keine Fehler machen", sagt er. Ein Problem sei, dass die Ressourcen allmählich erschöpft sind, doch auch die Nachfrage sei in Krisenzeiten zurückgegangen. Warum er es trotzdem macht? „Das Meer ist meine Leidenschaft, ich bin regelrecht abhängig davon", bekennt er und setzt hinzu: „Percebeiro zu sein, das gibt mir das größte Gefühl von Freiheit. Doch ich weiß, dass der Ozean der Herr ist, der über mich bestimmt."

DUMONT THEMA

ALTERNATIVTOURISMUS

Altes Dorf mit neuem Leben

Ein Gegengewicht zu Bausünden an der Küste, eine zeitentrückte Oase, ein Musterbeispiel für Alternativtourismus im Hinterland der Algarve, das ist die Aldeia da Pedralva. In dem einst fast verlassenen Bauerndorf kann man heute Ferienhäuschen mieten.

Nördlich von Vila do Bispo nehmen Verkehr und Besiedlung schlagartig ab. In der Einsamkeit drehen sich Windräder, es riecht nach Pinien und Eukalyptus. Dann der Abzweig von der Landstraße: „Aldeia Tradicional" steht auf dem Schild nach Pedralva – „Traditionelles Dorf". Und so sieht es auch aus. Laternen säumen die Gassen, Bruchsteinpflaster erstreckt sich zwischen kalkweißen Häusern mit roten und blauen Fensterrahmen. Alles wirkt schmuck und gepflegt.

Mit Liebe fürs Detail

Lange Zeit war Pedralva ein gewöhnliches Bauerndorf im Hinterland der Costa Vicentina, unweit der Straße nach Carrapateira. Dann ereilte den Weiler das Schicksal anderer Orte: Mangels Perspektiven suchten die Jüngeren ihr Glück in der Ferne, die Älteren blieben, starben jedoch nach und nach weg.

Als viele Häuser verfallen waren und nur noch neun Bewohner in ärmlichen Verhältnissen hier lebten, stolperten António Ferreira und seine Frau Filipa zufällig über das Dorf. Werbefachmann António hängte sein Lissabonner Yuppie-Dasein an den Nagel und zog mit seiner Familie in den Süden, um eine Ruine nach der anderen zu kaufen und mit Liebe fürs Detail die architektonische Tradition wiederaufzubauen.

Das Resultat: ein „Slow Village Hotel" mit nunmehr 25 Mietshäuschen, was fast der Hälfte aller Gebäude im Dorf entspricht. Es gibt verschiedene Hausmodelle, das größte fasst acht Gäste.

Im Schritttempo relaxen

Jedes Objekt ist individuell gestaltet; für modernen Komfort sorgen Kitchenettes mit Mikrowelle und Kaffeemaschine. Im Gassengeflecht sind die Wege kurz zum „Café Central", zur Pizzeria „Pizza Pazza", zum Dorfbriefkasten oder Lebensmittelladen (Brot muss einen Tag vorher bestellt werden). Der große Parkplatz liegt am Ortsrand.

Die Klientel kommt bunt gemischt daher: Familien mit Kindern, Paare jeden Alters, Senioren. Menschen, die den Hebel auf Schrittgeschwindigkeit umlegen und abschalten wollen im alten Dorf.

Gemütliche Treffs und behagliche Unterkünfte sorgen für Erholung.

Ein Gegengewicht zu den großen Hotelblocks an der Küste, wie hier in Portimão, will die Aldeia da Pedralva sein.

Das andere Feriendorf

Lage und Ausstattung
Die Aldeia da Pedralva ist ganzjährig geöffnet. Der nächste Strand liegt 15 Autominuten entfernt. Radverleih, beliebtes Restaurant „Sítio da Pedralva", Gemeinschaftspool, WLAN im Rezeptionsbau.

Preise
Mietpreis für ein einfaches Haus in der Nebensaison ab 71 €, für ein Haus mit zwei Schlafzimmern in der Hauptsaison ab 106 € pro Nacht.

Adresse
Aldeia da Pedralva, Rua de Baixo, Casa Pedralva, Gemeinde Vila do Bispo, Tel. 282 63 93 42

www.aldeiadapedralva.com

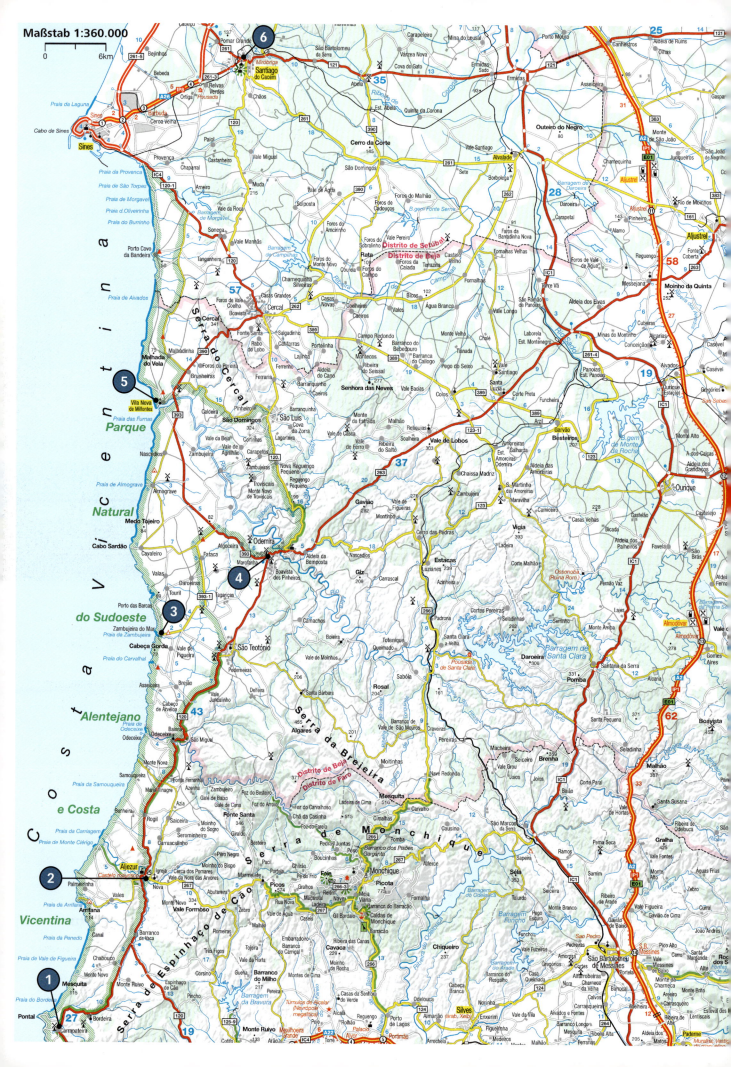

INFOS & EMPFEHLUNGEN

Wind und Brandung

Klippen und Strände, vielfach ungeschützt; Landspitzen, Dünen, Flussmündungen – so sieht das Muster an der Costa Vicentina und der Costa Alentejana aus. Ein Naturidyll mit scharfen Winden und Brandungswellen, frei von Trubel und mondänem Anstrich.

❶ Carrapateira

Carrapateira (500 Einw.) mag auf den ersten Blick ein schlichter, weit auseinandergezogener Hinterlandsort sein, empfiehlt sich aber wegen der Strandnähe als Stützpunkt. Am Hauptplatz finden sich kleine Cafés und Terrassen. Alte Piratenstorys besagen, dass Leute an der Küste falsche Leuchtfeuer entzündeten, damit Schiffe aufliefen, die sie dann plünderten.

AKTIVITÄTEN
In den Küstengegenden um Carrapateira, Amoreira und Amado bietet Wanderguide Nicolau da Costa auf Englisch **geführte Touren** von mehreren Stunden an. Für die alten Fischer-, Klippen- und Schmugglerpfade ist geeignetes Wanderschuhwerk unerlässlich (Atalaia Walking, Tel. 967 93 22 06, www.atalaia-walking.com).

UNTERKUNFT
Die € **Pensão das Dunas** (Rua da Padaria 9, Tel. 282 97 31 18, www.pensao-das-dunas.pt) vermietet ganzjährig Zimmer und Ferienwohnungen.

> **Tipp**
>
> ### Schön ruhig
>
> Von Zambujeira do Mar in südöstlicher Richtung erreicht man zwei besonders schöne Landunterkünfte, die sich durch Ruhe und rustikales Interieur der Häuschen/Apartments auszeichnen. Nahe Brejão liegt €€ **Cerro da Fontinha** samt kleinem Privatsee. Auf dem Grüngelände können sich auch Kinder gefahrlos bewegen. Zur Wahl stehen sechs Häuschen. Die Gegend lässt sich gut mit Fahrrädern erkunden. Besonderheit der €€/€€€ **Monte da Choça** bei Vale Juncal ist ein eigenes Wegenetz durch die Natur; außerdem gibt es einen Pool.
>
> Cerro da Fontinha, Tel. 282 94 90 83, www.cerrodafontinha.com; Monte da Choça, São Teotónio, Tel. 283 95 86 26, www.montevivo.com

Praia do Amado; Burgruine über Aljezur; Radler über der Praia da Arrifana in Aljezur

UMGEBUNG
Zum Surfstrand **Praia do Amado** (siehe S. 93) führt ein Abzweig am südl. Ortseingang. Nordwestl. von Carrapateira ist nach kurzer Fahrt die **Praia da Bordeira** erreicht, die an der Mündung der Ribeira da Carrapateira beginnt. Nicht immer schafft es das Flüsschen bis zum Atlantik; zeitweise formt es kurz davor einen See. Beachwalker können sich ordentlich austoben, Surfer sollten Erfahrung mitbringen. In sicherer Distanz zu den Klippen verbindet eine Piste die Strandparkplätze von Amado und Bordeira – unterwegs herrliche Aussichten auf den extrem wilden Küstenabschnitt! Ein Stück südwärts liegen weitere lohnende Strände, die kleine Anfahrtmühen kosten: **Praia da Barriga, Praia da Cordoama** und **Praia do Castelejo** (schöner Aussichtsparkplatz, Gleitschirmfliegerterrain).

❷ Aljezur

Der arabisch klingende Name von Aljezur (3000 Einw.) verweist auf die jahrhundertelange Präsenz der Mauren, die mit der Eroberung durch die Christen 1249 endete. Reste der Burg thronen bis heute auf dem Hügel (schöner Ausblick). Im Umkreis der Agrargemeinde wachsen u. a. Erdnüsse und Süßkartoffeln. Aljezurs Bedeutung für Urlauber ist eher strategischer Art: als Sprungbrett an die Strände und Station an der Straße zwischen Carrapateira und Odemira.

UNTERKUNFT
Solide und günstig schläft man im € **Amazigh Hostel** (Rua da Ladeira 5, Tel. 282 99 75 02, www.amazighostel.com).

UMGEBUNG
Mehrere schöne Strände: die von steilen Felsen eingefasste **Praia da Arrifana**, die längere, einsamere **Praia de Vale Figueiras** (auch für Surfer und Bodyboarder), die **Praia de Monte Clérigo** (leicht zugänglich, dahinter bunte Holzhäuschen) und **Praia da Amoreira** (mit Flussmündung, Dünen).

INFORMATION
Rua 25 de Abril 62, Tel. 282 99 82 29, www.cm-aljezur.pt

❸ Zambujeira do Mar

Uniform, aber freundlich zieht sich Zambujeira do Mar (1000 Einw.) oberhalb eines Steilküstenstreifens entlang. Den besten Überblick über den Hauptstrand mit Sand- und Felsabschnitten gibt das Panoramaplateau bei der Kapelle.

INFOS & EMPFEHLUNGEN

UNTERKUNFT
€ **Camping Villa Park Zambujeira** mit Schwimmbecken und auch Apartmentvermietung (Tel. 283 95 84 07, www.campingzambujeira.com); innerorts das Gasthaus € **Rosa dos Ventos** (Rua Nossa Senhora do Mar, Tel. 283 96 13 91, http://rosadosventoszambujeira.com), außerhalb das Landgut €€ **Herdade do Touril** (Tel. 937 81 16 27, www.herdadetouril.com).

RESTAURANTS
Gute Auswahl an Einkehrmöglichkeiten in der kleinen Fußgängerzone und am Largo Miramar.

UMGEBUNG
Nächste Strände südwärts sind die **Praia dos Alteirinhos** (Treppenabstieg, rückwärtig durch Felswände abgeschlossen, auch von Nudisten genutzt) und **Praia do Carvalhal** (leicht zugänglich). Im hinteren Strandteil von Carvalhal führt der Wanderweg **Rota Vicentina** vorbei, der weiter südl. über **Azenha do Mar** (Einkehr möglich, Fischerhäuser, Hafenrampe) nach **Odeceixe** verläuft. Einst nutzten Tabak- und Alkoholschmuggler die versteckten Pfade und Bootsanlandepunkte. Mit dem Fahrzeug ist der am Flüsschen Ceixe gelegene Binnenort **Odeceixe** nach einer ausgedehnten Inlandsrunde zu erreichen; Strandziele sind die **Praia de Odeceixe** und **Praia das Adegas**. Ein Stück nördl. von Zambujeira do Mar schiebt sich das **Cabo Sardão** vor; der Leuchtturm steht in sicherem Abstand zur Steilküste. Um das Kap sind, wie auf der Rota Vicentina bei Azenha do Mar, die seltenen Klippennester von Störchen zu sehen (Fernglas mitbringen!).

INFORMATION
Rua da Escola, Tel. 283 96 11 44, www.turismo.cm-odemira.pt

④ Odemira

Der beschauliche Ort (2000 Einw.) steigt mit weißen Häusern über den Ufern des Rio Mira

Praia de Santo André bei Santiago do Cacém; „Familienkutsche" bei Odemira

auf, der sich von hier knapp 35 km weiter bis zum Atlantik schlängelt. Eine Eisenbrücke überspannt den als besonders sauber geltenden Fluss, an dem zur Zentrumsseite hin ein lauschiges Promenadenstück entlangläuft.

AKTIVITÄTEN
Flussaufwärts eignet sich der Rio Mira für einen halb- oder ganztägigen **Kanutrip** in Eigenregie. Die Boote verleiht Ecotrails (deutsche Inhaberin: Anke Ruschhaupt; Tel. 967 15 53 83, www.ecotrails.info). Picknick, Trinkwasser, Sonnenschutz und Badesachen nicht vergessen! Auch Stehpaddeln auf dem Mira, Radtouren und eine geführte Wanderung „Gärten von S. Luis" bietet Ecotrails an.

UNTERKUNFT
Zur Wahl stehen u.a. der ländliche Ferienhof €€ **Quinta do Chocalhinho** (Bemposta, Tel. 28 3 32 72 80, http://quintadochocalhinho.com) und in Odemira selbst die € **Casa Mira** als komplettes Haus (über http://de.airbnb.com oder direkt unter http://casamira.be; Min-

destaufenthalt sind gewöhnlich drei Nächte, es gibt auch Wochentarife).

UMGEBUNG
Nächstes Strandausflugsziel ist die lang gestreckte **Praia do Almograve** (nordwestl.). Südöstl. liegt der ausgedehnte Stausee **Barragem de Santa-Clara-a-Velha**.

INFORMATION
Praça José Maria Lopes Falcão, Tel. 283 32 09 86, www.turismo.cm-odemira.pt

⑤ Vila Nova de Milfontes

An den Mündungstrichter des Rio Mira stoßend, hatte der weitläufige Ort (3000 Einw.) bis Mitte des 20. Jh. als Hafen Bedeutung. Heute ist es ein populäres Ferienziel, die Bebauung zum Glück dezent.

Ein Stück nördlich von Zambujeira do Mar schiebt sich das Cabo Sardão vor.

SEHENSWERT
Das kleine **Kastell** im Zentrum datiert aus dem 17. Jh., abends ist der Burgvorplatz ein Ort für Romantiker. Die Ortsstrände heißen **Praia da Franquia** und **Praia do Farol**; die dem Auslauf des Mira gegenüberliegende **Praia das Furnas** ist per Bootszubringer erreichbar (oder im Fahrzeug über die Flussbrücke und weiter durchs Hinterland). Ein Stück außerhalb liegt der **Fischerhafen** (*porto da pesca*).

AKTIVITÄTEN
Tipp für eine Tagestour auf dem Fischertrail der **Rota Vicentina TOPZIEL**: Auto nahe der Abfahrt zum Fischerhafen parken, dann nordwärts den Markierungen folgen. Wendepunkt ist nach ca. 8 km die **Praia do Malhão**. Typische Dünenvegetation; der Pfad führt an manch spektakulärem Absturz entlang.

UNTERKUNFT
Stilvolle Landunterkunft, ca. 3 km außerhalb, Zufahrt kurz vor dem Ort Galeado: €€ **Herdade do Freixial** (Estrada de S. Luís, Tel. 283 99 85 56, www.herdadedofreixial.com). Zum 120-ha-Gelände gehören Wiesen und ein Pool.

Am Cabo Sardão bei Zambujeira do Mar stürzt die Küste steil in die tosende Brandung ab.

RESTAURANT
Unweit des Kastells liegt das €/€€ **Ritual** (Rua Barbosa Viana 4, Tel. 283 99 86 48, Facebook-Seite), eine Mischung aus Restaurant und Häppchenbar.

UMGEBUNG
Nordwärts wird **Porto Covo** mit seiner Praia Grande als Ferienort vor allem von Portugiesen besucht, liegt aber bereits in Sichtweite der Raffinerie- und Hafenstadt Sines.

INFORMATION
Rua António Mantas,
Tel. 283 99 65 99,
www.turismo.cm-odemira.pt

❻ Santiago do Cacém

Die Geschichte des 5000-Einw.-Städtchens reicht in die Keltenzeit zurück; aus der Ära der Römer datiert das Ruinenareal Miróbriga (siehe S. 85; Di.–Sa. 9.00–12.30, 14.00–17.30, So. 9.00 bis 12.00, 14.00–17.30 Uhr). Lokaler Blickfang ist die mittelalterliche Burg, im Ursprung ein Werk der Mauren, später, nach der Eroberung im 13. Jh., länger in Händen der Jakobsritter. Zur Festung steigt der historische Ortskern steil an.

SEHENSWERT
Das Kastell und die **Hauptkirche** (Igreja Matriz, 18./19. Jh.; Di.–So. 10.00–12.00, 14.00–17.00, Sommer 10.00–12.30, 14.30–18.00 Uhr) sind auf dem Stadthügel Nachbarn. Das Innere des Gotteshauses ist teilweise mit Schmuckkacheln überzogen; hinter dem Hauptportal überrascht ein großes Relief des Apostels Jakobus als Maurentöter. Die **Festung** steht Besuchern nicht offen, dafür läuft ein schöner Aussichtsweg rund um die Zinnenmauern und gibt den Blick bis zum Atlantik frei. An den Mauermantel stößt der typisch portugiesische **Friedhof**, auf dem es mehrstöckige Blöcke mit Einschubfächern und Familiengräber mit Gardinchen vor den Scheiben gibt – kurios! Fotografieren ist hier allerdings nicht erlaubt.

UNTERKUNFT
Als solide Drei-Sterne-Unterkunft bietet sich das €/€€ **Hotel Dom Nuno** an (Avenida D. Nuno Álvares Pereira 90, Tel. 269 82 33 25, http://hoteldomnuno.com).

UMGEBUNG
Orangen- und Quittenbäume, Weinparzellen, Feigen und Kiefern begleiten die Fahrt nordwestwärts von Santiago do Cacém an die Küste. Lohnende Ziele beim Ort Costa de Santo André sind ein langer, dünenbegrenzter Strand und ein meernaher See: die **Praia de Santo André** und die **Lagoa de Santo André** (Naturschutzgebiet).

INFORMATION
Rua Condes de Avillez,
Tel. 269 82 53 82,
http://turismo.cm-santiagocacem.pt

Genießen   Erleben   Erfahren

Brandungsritt für Anfänger

DuMont Aktiv

Die Costa Vicentina gilt in Surferkreisen als heißer Tipp. Besonders beliebt ist die Praia do Amado unweit von Carrapateira: lang, wildromantisch, beidseits von Klippen begrenzt und Anlaufpunkt mehrerer Surfschulen. Fast zwangsläufig geraten Neuaufsteiger hier in den Sog der Faszination Surfen. „Die Praia do Amado ist für Anfänger ideal", sagt Ricardo Gonçalves von der Future Surfing School. „Die Wellen brechen früh und rollen sehr lange aus." Viele Interessierte buchen zunächst einen Tageskurs. Doch reicht ein Tag, um bereits ein Erfolgserlebnis feiern zu können? Davon ist Ricardo überzeugt: „Vorausgesetzt, man ist motiviert und bringt etwas Sporttalent mit."

Ins Wasser geht es nicht gleich. „Erst richtig aufwärmen und dehnen", mahnt Ricardo. In Trockenübungen demonstriert er dann den Surfablauf, alles sieht spielerisch leicht aus: Auf dem Brett liegend nach hinten lugen, die richtige Welle abpassen, und wenn es so weit ist, mit den Händen paddelnd beschleunigen. Nun ein Bein blitzartig nach vorne, angewinkelt aufsetzen, das zweite rasch nachziehen und vor dem anderen aufsetzen. In Duckposition aufrichten, halten. Fertig!

Der Praxistest straft falsches Timing mit Abwürfen – und bringt letztlich den Erfolg, zumindest kurzzeitig. Am Ende kann sich zum Beispiel Friederike aus Berlin einige Sekunden auf dem Brett halten und ist wie alle anderen „total begeistert".

Future Surfing School: Kurse u. a. an der Praia do Amado. Einteilung in Gruppen je nach Vorkenntnissen, Kurssprache Englisch.
Preis für den Tageskurs: 55–60 €, für den 3-tägigen Intensivkurs 150–165 €.
Tel. 918 75 58 23, www.future-surf.com

Weitere Anbieter:
Amado Surf Camp, Tel. 927 83 15 68, www.amadosurfcamp.com; Arrangements von Unterbringung in Zelten, Zimmern oder Bungalows
Algarve Surf School, Tel. 962 84 67 71, www.algarvesurfschool.com; ebenfalls mit optionaler Vermittlung von Unterkunft

Die Praia do Amado ist ein ideales Revier für Surfeinsteiger. Bevor es ins Wasser geht, wird aber erst mal auf dem Trockenen geübt.

Weites, stilles Land

Olivenhaine, Schaf- und Stierweiden, Steppen, Kornfelder und Korkeichen bis zum Horizont – der Begriff der Weite hat im Alentejo eine eigene Dimension. Wer hierher kommt, ist nicht auf Highlife aus, sondern begegnet einer vielerorts stillen, ursprünglichen Region mit Burgen, Weinbau und Städtchen, die so freundlich wirken wie die Menschen.

Monsaraz hat ein Stückchen Mittelalter in unsere Zeit herübergerettet.
Den besten Überblick über Dorf und Umgebung bietet die Burg.

Mittelpunkt der Altstadt von Évora ist die Praça do Giraldo mit Arkaden, Caféterrassen und der Igreja de Santo Antão von 1557.

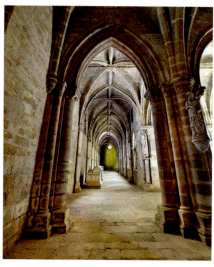

Auch der Marmorbrunnen (1571) von Afonso Álvares steht auf der Praça do Giraldo (oben). Évoras Kathedrale am Largo Marquês Marialva hat zwei ungleiche Türme und einen schönen gotischen Kreuzgang (rechts).

Der Aufstieg zur Dachterrasse der Kathedrale wird mit einem herrlichen Blick über Évoras Altstadt belohnt, ein „Freilichtmuseum mit Gassen und Plätzen", das bereits 1986 von der UNESCO in die Liste des Weltkulturerbes aufgenommen wurde.

„Das Friedvolle ist es, was ich im Alentejo liebe; ohne Hektik, fern vom Lärm großer Städte", sagt Jorge Pereira. Der Mittvierziger, der begleitete Mountainbiketouren durch die weitgehend unverbrauchte Natur organisiert, zählt zu den Zuzüglingen in der Region. Der Menschenschlag liegt ihm. „Mag sein, dass die Leute auf den ersten Blick etwas verschlossen wirken, aber dann öffnen sie sich sehr schnell, auch dem Fremden gegenüber", so Jorge.

Land jenseits des Tejo

Alentejo, das ist das „Land jenseits des Tejo" – des Flusses, der bei Lissabon in den Atlantik mündet. Ein Land abseits großer Touristenströme, geprägt von ausgedehnten Feldflächen; im Osten an Spanien stoßend, im Süden an die Algarve. Bei Fahrten über abgeschiedene Landstraßen kilometerweit keiner Seele zu begegnen, ist hier nichts Ungewöhnliches; das Prädikat „verschlafen" scheint manchmal noch hoch gegriffen.

Im Sommer verbrennt die Erde, dann staut sich die Hitze über den spärlich besiedelten Gebieten auf vierzig Grad und mehr im Schatten – doch den sucht man häufig vergeblich. „Es gibt Zeiten im Jahr, in denen ist der Erdboden grün, zuweilen gelb, dann wieder braun oder schwarz", so hat der Literaturnobelpreisträger José Saramago (1922–2010) treffend den Wechsel der Farbtöne skizziert. Im Roman „Hoffnung im Alentejo" hat Saramago Großgrundbesitz und Landarbeiterdasein in den Blickpunkt gerückt. Für viele war der Alentejo einst ein Armenhaus Europas, geprägt von Ungleichheit und Rückständigkeit.

Die Fäden des Lebens

In Évora, so Saramago, konnte die Vergangenheit ihren Platz bewahren, ohne der Gegenwart den Raum zu stehlen. Wie wahr! Auch in der größten Stadt weit und breit geht das Leben seinen ruhigen Gang, begleitet von kopfsteingepflasterten Sträßchen, Tür- und Fensterumrandungen in Gelb und Ocker, Geschichte auf Schritt und Tritt. Da ist es der Römertempel, in dessen Resten das Stahlblau des Himmels steht, dort der Stadtmauerverbund, die Kathedrale, der Äquadukt, das Kartäuserkloster mit den letzten Aufrechten.

Gruselig empfängt die von Franziskanern begründete Knochenkapelle mit dem Schild „Unsere Knochen warten hier auf euch". Der Dekor an Gewölben und Wänden setzt sich aus einem Riesenfundus menschlicher Schädel und Skelettstücke zusammen. Makabre Mosaike. Dennoch macht die vermeintliche Effekthascherei Sinn: Sie soll dem Betrachter die Gleichheit aller Menschen und seine eigene Vergänglichkeit vor Augen halten. So richtig befremdlich wird es jedoch, wenn vom benachbarten Kindergarten Freudengekreisch durch die Fenster dringt ...

Die Fäden des Lebens laufen auf der Praça do Giraldo zusammen, benannt nach Évoras Befreier im Mittelalter. Die

„Das Friedvolle ist es, was ich im Alentejo liebe."

Eroberung aus maurischer Hand verlief allerdings nicht ganz fair, wie die Legende weiß. Blind in Giraldo verliebt, öffnete ihm die Tochter des Maurenfürsten das Tor, worauf der Angebetete zum Dank ihren Vater enthauptete. Das Ganze ist bis heute festgehalten im Stadtwappen, samt abgetrenntem Kopf des muselmanischen Lokalpotentaten. „In unseren Augen war Giraldo kein

Das 1487 gegründete Kloster São João Evangelista, auch Kloster von Lóios genannt, wurde 1965 zur Pousada umfunktioniert.

Dreißig Kilometer nordöstlich von Évora – und 200 Meter höher – liegt Évoramonte mit seinem Castelo inmitten von Olivenplantagen.

Der Templo Romano oder Templo de Diana aus dem ersten Jahrhundert nach Christus ist ungewöhnlich gut erhalten. Mit seinen Säulen aus Granit und Kapitellen aus Estremoz-Marmor gilt er als Wahrzeichen Évoras.

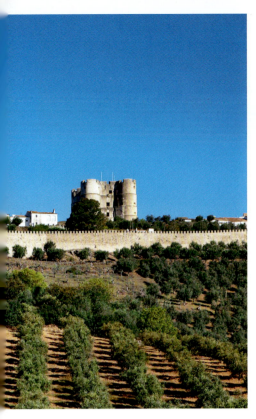
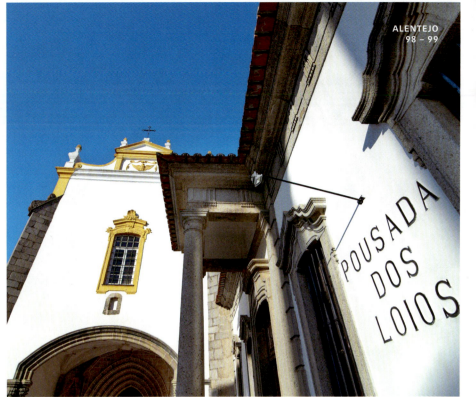

Wer in einem der 36 Zimmer der Pousada dos Lóios in Évora übernachtet – viele davon sind ehemalige Mönchszellen –, spürt den Atem der Geschichte.

Special

Megalithkultur

Eine mysteriöse Felsarmee

Im weiten Westen von Évora liegt ein Freilichtmuseum der alten Kultur: der Cromeleque dos Almendres. Gewiss, über den Alentejo verteilen sich etliche Zeugnisse der Megalithkultur, die belegen, dass der Mensch hier seit Jahrtausenden präsent ist. Aber kein anderes Erbe der Vorgeschichte magnetisiert so sehr wie dieser Cromlech in der Einsamkeit.

Am schönsten ist es im Abendlicht, wenn die letzten Strahlen der Sonne über den Steinkreis kriechen. Die Monolithe, die sich auf einer Ost-West-Achse in Ellipsenform weit über das abfallende Gelände ziehen, kommen einer kleinen Armee gleich. Manche Felsblöcke sind knie-, andere übermannshoch, teils mit Flechten besetzt, oben mehrheitlich abgerundet. Kaum mehr zu erkennen sind vereinzelte Gravuren, in die Archäologen astronomische Bezüge interpretiert haben – ein Indiz dafür, dass der Cromeleque dos Almendres als Astral-

Magischer Ort: Cromeleque dos Almendres

kultstätte gedient haben könnte. Das Geheimnis ist nicht gelüftet.

Die Abendstimmung passt zu dem magischen Ort. Vögel zwitschern in die Stille, eine Brise fährt durchs Blattwerk der Korkeichen. Natur und Kulturerbe in vollendeter Harmonie.

Held, sondern einfach ein Räuber", urteilt Führerin Olga, die ihre Stadt als „Freilichtmuseum mit Gassen und Plätzen" bezeichnet. Mühelos lassen sich im Abseits der Hauptströme durch das historische Viertel nette Winkel aufspüren – ob mit oder ohne Olga.

Im Alentejo bringt der Wein auf den Geschmack – und das schon im Herzen von Évora. Die Probierstube der Weinroute „Rota dos Vinhos do Alentejo" am Theaterplatz wirkt erst etwas nüchtern, ein Eindruck, der – gegen kleine Gebühr – beim Test verschwimmt. Maria Teresa Chicau, die für Verkostungen zuständig ist, scheint nicht nur berufsbedingt von den Tropfen zu schwärmen, bei denen die sonnendurchtränkte Reife der Trauben mitschwingt. „Das Charakteristischste unserer Qualitätsrotweine ist für mich das Aroma von roten Wildbeeren", bringt sie es auf den Punkt. Schwer und körperreich sind die Rotweine, bewegen sich meist um 14 Volumenprozent. Typische Rebsorten sind Trincadeira und Castelão. Die frischen, fruchtigen Weißen können sich sehen und auch schmecken lassen. Wer wissen will, wo welche der mehr als achtzig Alentejo-Kellereien für Besucher öffnet, braucht nur zu fragen. In den Gegenden um Estremoz, Borba, Vidigueira und Reguengos de Monsaraz gibt es gute Adressen.

Weites Land, wenig Besiedelung – der Alentejo bietet beste Bedingungen für einen Urlaub im Sattel.

Wegen seiner Lage am Rio Guadiana war Mértola schon in vorrömischer Zeit ein bedeutender Handelsplatz.

Viele Strommasten im Alentejo sind mit Storchennestern besetzt.

„Es gibt Zeiten im Jahr, in denen ist der Erdboden grün ..." Trotz großer Sommerhitze gilt der Alentejo, hier bei Serpa, als eine der fruchtbarsten Regionen Portugals.

Über Stock und Stein führen alte Wege vorbei an Korkeichen, Schafen, Oliven- und Feigenbäumen.

Alentejo-Wein trägt eine geschützte Herkunftsbezeichnung, die Lese startet extrem früh, oft Anfang August. „Für die höherwertigen Weine, die Reservas, stampfen wir die Trauben noch mit den Füßen", versichert Önologin Patrícia beim Besuch der Casa de Santa Vitória südwestlich von Beja. Überraschend auch, dass Patrícia Weinbauern kennt, die „ausschließlich über Nacht" lesen – und in welche Kehlen die Weine aus dem Alentejo letztlich fließen. Es sind nicht nur portugiesische oder deutsche. Zu den Hauptabnehmerländern zählen Brasilien und Angola – darauf hätte man mutmaßlich nicht gewettet.

Marmor und Kupfer

Wovon die Menschen sonst noch leben im Alentejo? Korkgewinnung, Olivenmühlen, Viehzucht, Solarparks, ein bisschen Landhaustourismus und Kunsthandwerk. Aus Reguengos de Monsaraz und Mértola kommen handgewebte Decken, aus Arraiolos handgestickte Teppiche. Und das seit dem Spätmittelalter, als König Manuel I. die Mauren aus Lissabon vertreiben ließ. Auf ihrem Weg nach Nordafrika und Südspanien ließen sich einige von ihnen in Arraiolos nieder, setzten die Kunst des Teppichstickens fort und begründeten die sorgfältig gepflegte Tradition des Ortes.

Stützpfeiler der Lokalwirtschaft um Vila Viçosa, Borba und Estremoz ist der Marmorabbau. Das „weiße Gold", das auch rosa, grau oder grün sein kann, dient seit langer Zeit dazu, Palästen, Kirchen und Badezimmern in aller Welt Stil und Kühle zu verleihen. Dass Landstädtchen nicht auf ewig arm und vergessen sein müssen, beweist Castro Verde. Ende der 1970er-Jahre stieß man in der Nähe auf Kupfer, heute ist das Kupferbergwerk von Neves Corvo eines der größten Europas und gibt gut zweitausend Menschen Arbeit. Deswegen bleibt Castro Verde in Zeiten wirtschaftlicher Krisen gewöhnlich außen vor. Zumindest solange Nachfrage herrscht und Mutter Erde Nachschub abwirft.

Zwischen Himmel und Erde

Der Alentejo bringt Aktivurlauber in Schwung, zu Wasser, zu Land und in der Luft. Lust auf Thrill? Dann auf zur Fallschirmsprungschule Skydive Europe bei Figueira dos Cavaleiros. „Der Vorteil hier im Alentejo ist: Man kann ganzjährig springen und hat kein Gebirge in der Nähe. Das Klima bringt meist viel Sonne und nur leichte Winde", erklärt Mario Pardo, der Begründer der Schule, selbst ein erfahrener Skydiver und Pilot. Wer den „Extreme"-Tandemsprung aus 4200 Meter Höhe bucht, sieht einem

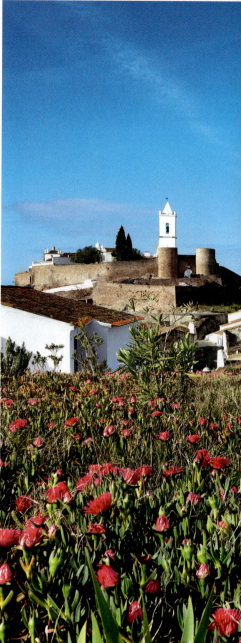

Mouras Geschichte reicht bis ins frühe Mittelalter, vermutlich sogar bis in die Römerzeit zurück.
Stadtrecht erhielt der Thermalkurort jedoch erst 1988.

In der geschäftigen Unterstadt von Estremoz trifft man sich an der Praça do Marquês de Pombal,
von den Einheimischen kurz Rossio genannt.

Malerisch thront das mittelalterliche Dörfchen Monsaraz mit seinen weiß gekalkten Häusern auf einem Hügel über den Weiten des Alentejo und der Barragem de Alqueva.

Der um 1250 gegründete Convento de Nossa Senhora do Carmo in Moura ist das älteste Karmeliterkloster Portugals.

grandiosen Patchwork aus Feldern und Korkeichenweiten und einer Freifallzeit von einer Minute entgegen. „Wenn du oben aussteigst, glaubst du, du stirbst. Aber nach drei Sekunden im freien Fall bist du richtig relaxed", bereitet Tandemlehrer João seine Anhängsel auf den Kick vor und setzt hinzu: „Die einzige Gefahr ist, dass du süchtig wirst und wieder und wieder springen willst." Kaum zurück auf dem Boden mit dem Fluggast aus Deutschland, wendet er sich einem US-Greenhorn zu, um zum sechsten Mal an diesem Tag in die Luft zu gehen. Unfallfrei, versteht sich …

Wer es weniger extrem liebt, der nutzt das eigene Schuhwerk und durchwandert das Flachland; schon am Stadtrand von Évora löst sich die auf einer einstigen Bahntrasse angelegte, bis zu 40 km

Wasser ist knapp und kostbar im Alentejo.

lange „Ecopista" nordwestwärts Richtung Graça do Divor. Alternativen sind Schwünge aufs Pferd oder Rad. Schönes Mountainbiketerrain ist die Serra de Grândola. Über Stock und Stein führen alte Wege vorbei an reichlich Korkeichen, Schafen, Oliven- und Feigenbäumen, ein paar verfallenen Häusern. Vereinzelte Rampen steigen mit mehr als zwanzig Prozent an, was selbst Führer Jorge zum Absteigen veranlasst. „Es ist gut, wenn wir den Rädern auch mal eine Pause geben", sagt er augenzwinkernd. Oberste Regel: Trinkvorräte nicht vergessen!

Künstlicher Seegigant

Apropos Wasser: Das ist knapp und besonders kostbar im Inland des Alentejo. Kein Weinberg kommt in der Sommerglut ohne Bewässerungsanlage aus. Mehrere Stauseen wie Alvito und Santa Clara nehmen die Regenfälle der Wintermonate auf, das größte aller künstlich angelegten Gewässer staut im Grenzgebiet zu Spanien den Rio Guadiana auf

Bejas ehemaliges Klarissenkloster Nossa Senhora da Conceição aus dem 15. Jahrhundert zeigt manuelinische Stilelemente.
Der mit prächtigem Azulejoschmuck ausgestattete Kreuzgang ist heute Bestandteil des Regionalmuseums.

Einen Abstecher wert ist das dreißig Kilometer südöstlich von Beja liegende Städtchen Serpa,
das diesen Namen schon in der Antike trug.

Wer sich vom Häusermeer der Vororte nicht abstoßen lässt, findet in Beja, Distrikthauptstadt des südlichen Alentejo, eine hübsche Altstadt mit engen Gässchen, die zur Praça da República führen.

einer Länge von achtzig Kilometern: die Barragem de Alqueva; ein Gigant in durchdringendem Blau, 250 Quadratkilometer groß, mit einer Uferlänge von über 1100 Kilometern und bis zu siebzig Meter tief. Ein Stück geflutetes und gleichzeitig versunkenes Portugal, kurz nach der Jahrtausendwende fertiggestellt.

„Wasser und Touristen, das war für uns neu in der Gegend", sagt Käpten Humberto, der nahe der Staumauer auf Bootsrundfahrt geht. Unterwegs springen Fische, Entengeschwader steigen mit kurzen Flügelschlägen auf, Korkeichen und Oliven drängen ans Ufer. Grün besetzte Inselchen ragen wie Tarnhelme hervor, Felsen und Baumstrünke werfen ihre Spiegelbilder ins Wasser. In einem Seitenarm stellt Humberto den Motor für eine Weile aus, um dem „Sound of silence" zu lauschen, wie er sagt.

Metropole der Einsamkeit

Stille Winkel finden sich überall im Alentejo. In Städtchen wie Serpa und Moura, rund um Burgmauern wie in Estremoz und Mértola. Ein monumentaleres Gepräge fährt Vila Viçosa mit dem Herzogspalast auf. Beja wirkt trotz seines bescheidenen Kerns fast wie eine Metropole in der Einsamkeit. Dann wieder fühlt man sich von abgeschiedenen Dörfern wie Monsaraz wohlig geschluckt.

Leuchtend weiße Kamine ragen aus dem Rostbraun der Ziegeldächer, in engen Gassen stehen Blumentöpfe neben den Häusern. Wäsche ist aufgeleint, das unebene Pflaster bohrt sich in die Schuhsohlen. Beim Spaziergang durch so manche Festungsruine fragt man sich angesichts ungesicherter Mauerabstürze: Haben die Eurokraten, die gelegentlich über der Maximallänge von Schnullerketten und dem Fassungsvermögen von Kondomen brüten, keine EU-weite Einheitsnorm zur sicheren Begehung von Burganlagen zu Papier gebracht? Falls doch: Egal. Manchmal scheint Brüssel sehr weit weg zu sein von Südportugal. Und das ist auch gut so.

KORK

Für Fischernetze und Champagner

*Korkeichen sind ständige Wegbegleiter im Hinterland.
Alle neun Jahre werden sie von routinierten Händen geschält,
die Ausbeute ist vielseitig verwendbar: als klassische Flaschenkorken,
als Isoliermaterial, als Grundlage für Mode und Kunsthandwerk.*

Nicht nur Handtaschen, auch Brillenetuis oder Krawatten, ja sogar Hochzeitskleider werden aus Kork hergestellt.

Wenn die heißeren Monate heraufziehen in Portugals Süden, wenn die Sommerglut über dem Alentejo und dem Hinterland der Algarve steht, dann schlägt die Stunde der Korkeichenschäler – nicht etwa muskelbepackte Jungspunde, nein, oft Ältere mit viel Know-how. Das Schälen ist keine Kraftangelegenheit, sondern Kunst. Statt Maschinen kommen ausschließlich Hände zum Einsatz, ausstaffiert mit Äxten, die im unteren Teil des Stammes die Rinde spalten. Mit Bedacht und Geschick.

Alles braucht seine Zeit

Einem erfahrenen Abschäler gelingt es, Riesenplatten zu lösen und pro Tag Dutzende Korkeichen von ihren knorrigen Mänteln zu befreien. Sind die Stämme geschält, verfärben sie sich bald von Honigtönen ins Orange. Sofort nach dem Schälen erhalten sie ihre weiße Pinselmarkierung mit der Jahreszahl. Dann gönnt man ihnen neun Jahre Ruhe, bis genügend Kork nachgewachsen ist, denn in der Welt des Korks braucht alles seine Zeit. So beginnt eine Korkeiche auch erst nach vier Jahrzehnten, Qualitätskork abzuwerfen. Dafür können die Bäume ein stolzes Alter von über 150 Jahren erreichen.

Eine uralte Beziehung

Mensch und Kork stehen in einer uralten Beziehung zueinander. „Seit bereits 5000 Jahren kennt der Mensch die Verwendungsmöglichkeiten des Korks und nutzt ihn für die Herstellung verschiedenster Utensilien", heißt es in der Korkabteilung des Heimatmuseums von São Brás de Alportel. Warmhaltegefäße und Schöpflöffel waren schon länger bekannt, doch ab Mitte des 19. Jahrhunderts setzte in Südportugal die Expansion der industriellen Verarbeitung von Kork ein. Handelspioniere waren Eselstreiber, die Kork aus dem Alentejo an die Algarve transportierten und dort Fischern verkauften, die Bojen daraus herstellten. Entscheidend für den Aufschwung war jedoch die Nachfrage aus dem Weinhandel, was gut bezahlte Berufe wie Pfropfenmacher und Quadratabschneider hervorbrachte.

Links: Bedächtig lösen erfahrene Korkeichenschäler riesige Rindenplatten am Stück vom Stamm.

Oben: Der abgeschälte Kork wartet auf den Abtransport.

Hochzeitskleid aus Korkleder

Im Laufe der Zeit verästelten sich Verwendungszwecke und Absatzmärkte immer weiter. Weinflaschenkorken blieben zwar die Klassiker, doch Frankreich brauchte zusätzlich dicke Champagnerkorken; aus Nordamerika und Nordeuropa verlangte man nach Kork für die Wärmedämmung von Häusern. Überdies hielt das Naturmaterial Einzug in die Herstellung von Badminton-, Golf- und Baseballbällen, von Griffen für Nordic-Walking-Stöcke, Fußbodenbelägen, Automotoren, orthopädischen Schuheinlagen ... Heutzutage werden

> Seit 5000 Jahren kennt der Mensch die Verwendungsmöglichkeiten des Korks und nutzt ihn für verschiedenste Utensilien.

Im Heimatmuseum in São Brás de Alportel ist dem Kork eine eigene Abteilung gewidmet.

auch Abnehmer im Kunsthandwerk und Modebereich bedient, was langwierige Umwandlungsverfahren von Kork in Korkleder erforderlich macht. Designertaschen, Portemonnaies und Brillenetuis entstehen aus der Eichenrinde, Serviettenringe, Bilderrahmen, sogar Visitenkarten, Krawatten, Regenschirme, Hüte, Kappen oder gar Hochzeitskleider. Der Fantasie sind keine Grenzen gesetzt.

Südportugal hat sich beim Kork auf dem Weltmarkt etabliert, Konkurrenz kommt aus Spanien und Marokko. Obgleich die Korkproduktion stark mechanisiert worden ist und der abgeschälte Kork nicht mehr auf Eselsrücken, sondern mit Lastwagen transportiert wird, hat sich die „Komponente Mensch" in Traditionsbetrieben erhalten: beim anfänglichen Kochen des Korks und bei der Handauslese in gute und mindere Qualität.

Aus Letzterer gehen Granulate hervor, die nach Pressvorgängen und Mischungen als Zweite-Wahl-Korken auf Weinflaschen landen. Wetten, dass Besucher eines Korkbetriebs in Zukunft eine Weinflasche mit anderen Augen öffnen?

Ein Nationalsymbol

„Wir sind zwar noch nicht so weit wie Kanada mit dem Ahornblatt in der Flagge, doch die Korkeiche ist in Portugal Nationalsymbol und wichtig für die Identifikation", sagt Sofia Carrusca, bei der sich Kork wie ein roter Faden durchs Leben zieht. „In meiner Grundschule in São Brás de Alportel waren Teile des Klassenzimmers mit Kork verkleidet, später an der Algarve-Universität in Faro gab es Zimmerdecken aus Kork", erinnert sie sich. Dann gründete Sofia das Kleinunternehmen Algarve Rotas, das das Korkals wichtiges Kulturerbe herausstellt. Und das ist überall präsent, so auch auf der Strecke, die nördlich von São Brás de Alportel durch die Eichenwälder der Serra do Caldeirão führt. Mit Kork kennt sich Sofia also bestens aus. Reden Insider vom „Rücken", meinen sie die äußere Rinde der Korkeiche, erklärt sie. Als „Magen" bezeichnen sie das Innere.

Bleibt noch die Frage, warum die Bäume nur zur heißen Jahreszeit geschält werden. Sofia kennt den Grund: „Im Winter wäre das unmöglich. Dann klebt der Magen wegen der natürlichen Harze zu sehr am Stamm."

Alles über Kork

Die mit der Lokalgeschichte verknüpfte Korkabteilung ist in einem Nebengebäude des Volkskundemuseums von São Brás de Alportel untergebracht.
Mo.–Fr. 10.00–13.00, 14.00–17.00 Uhr, Sa., So. nur nachm.;
Museu do Traje, Rua Dr. José Dias Sancho 61,
www.museu-sbras.com

Algarve Rotas mit Sitz in São Brás de Alportel bietet diverse „Korktouren" inklusive Betriebsbesichtigung an;
http://algarve-rotas.webnode.pt

DUMONT THEMA
KORK
108 – 109

Bis zu 150 Jahre alt kann eine Korkeiche werden. Erst nach vierzig Jahren beginnt sie, Qualitätskork abzuwerfen.

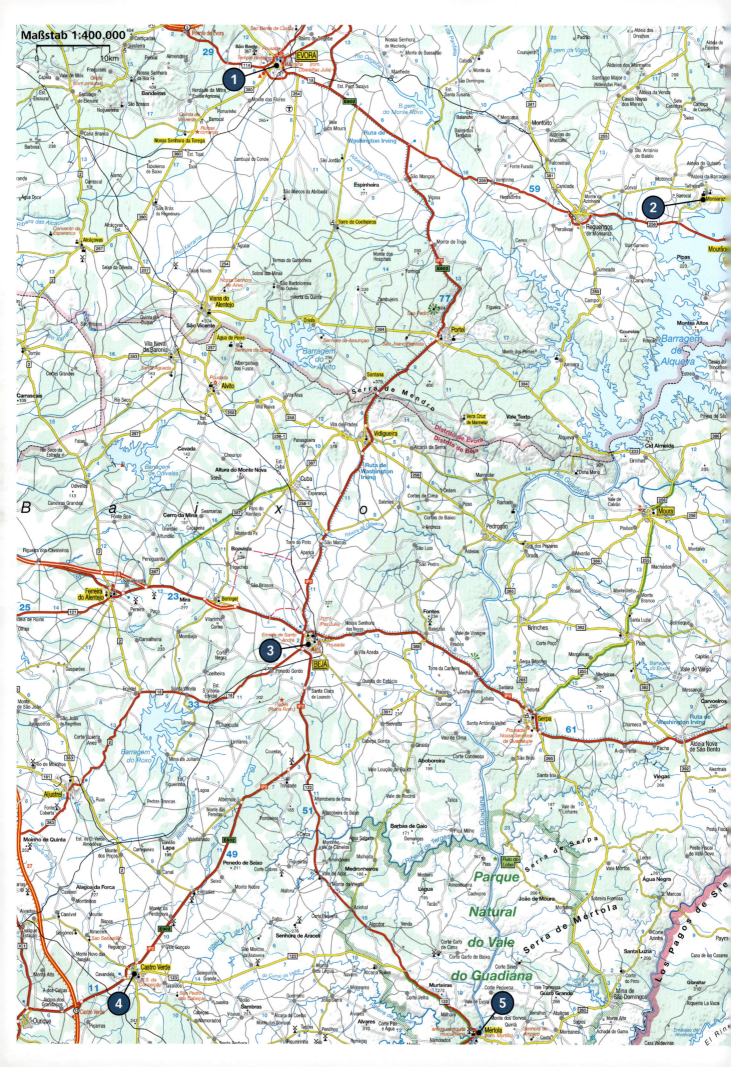

Historisch wertvoll

Der Alentejo überrascht überall. Städte wie Évora, Monsaraz oder Mértola haben seit dem Mittelalter überdauert – oder noch länger. Für Entdeckungen im Land der weiten Horizonte ist allerdings ein Fahrzeug unerlässlich.

Évora

Die Stadt (57 000 Einw.) war bereits unter den Römern bedeutsam und besaß seinerzeit eine 1,2 km lange Stadtmauer, die im Spätmittelalter die dreifache Länge erreichte. Wichtige Daten: 715 (Einnahme durch die Mauren), 1165 (Eroberung Giraldos), 1186 (Grundsteinlegung für den Dom) und 1559 (Gründung der Universität).

SEHENSWERT

Das Turmensemble der in romanisch-gotischem Stil begonnenen **Kathedrale** (Sé; tgl. 9.00 bis 12.00, 14.00–16.30 Uhr) hebt sich schon aus der Ferne ab. Vom Vorplatz führt eine breite Treppe zum Figurenportal mit den Aposteln. Der Marienaltar im Hauptschiff zeigt eine Skulptur der Gottesmutter mit der Leibesfrucht (15. Jh.). Blickfänge sind die Orgel (16. Jh.) und der mit Marmor ausgetäfelte Altarraum samt Bischofsstuhl und Kuppeldekoration, lohnend der Zutritt zum Kreuzgang (14. Jh.) und ins Museu de Arte Sacra (siehe Museen) sowie der Aufstieg aufs Dach der Kathedrale.

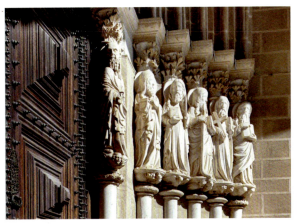

Figurenportal der Kathedrale und Capela dos Ossos in Évora; Weingut Monte Seis Reis bei Estremoz

Kurze Wege führen vom Dom zur Universität und zum **Templo Romano**, den freistehenden Resten eines Römertempels (1. Jh. n. Chr.) mit wuchtigen Säulen und Kapitellen. Unumstößlicher Fixpunkt in **Évoras Altstadt TOPZIEL** ist die **Praça do Giraldo** mit Renaissancebrunnen, Arkaden und **Igreja de Santo Antão** (16. Jh.). Die spätgotische **Igreja de São Francisco** erhebt sich ganz in der Nähe am Largo 1° de Maio; daneben geht es in die Knochenkapelle, **Capela dos Ossos** (16./17. Jh.; Juni–Sept. tgl. 9.00–18.30, Okt. bis Mai 9.00–17.00 Uhr; http://igrejadesaofrancisco.pt) mit Überresten von etwa 5000 Menschen. Außerhalb der Stadtmauer schiebt sich das Ende des 18 km langen **Aquädukts** (1532 bis 1537) heran.

MUSEEN

Im Innern der Kathedrale führt ein Eingang ins **Museu de Arte Sacra** (Di.–So. 9.00–12.00, 14.00–16.30 Uhr) mit sakraler Kunst und einer mutmaßlichen Reliquie des Christuskreuzes. **Museu de Évora** heißt das am Largo Conde de Vila Flor gelegene Stadtmuseum mit den interessanten Abteilungen Archäologie und Schöne Künste (Di. 14.30–18.00, Mi.–So. 10.00 bis 18.00 Uhr). Zeitgenössische Kunst zeigt das **Fórum Eugénio de Almeida** (Rua Vasco da Gama, www.fea.pt; Di.–So. 10.00–18.00, Mai bis Sept. bis 19.00 Uhr; interessantes Kulturerbe der Almeida-Stiftung sind auch die Casas Pintadas: historische Fresken).

AKTIVITÄTEN

Im Besucherzentrum der Alentejo-Weinroute **Rota dos Vinhos do Alentejo** Weindegustation zu kleinem Preis und Verkauf (Sala de Provas, Praça Joaquim António de Aguiar 20–21, www.vinhosdoalentejo.pt; Mo. 14.00–19.00, Di.–Fr. 11.00–19.00, Sa. 10.00–13.00 Uhr). Am Fremdenverkehrsamt (siehe Information) starten regelmäßig **Stadtführungen**.

UNTERKUNFT

Ca. 3 km südl. liegt das Landgut € **Monte da Serralheira** (Tel. 266 74 12 86, www.monteserralheira.com). Das niederländische Besitzerpaar Lucia und George vermietet Apartments und Zimmer zu fairen Preisen; schöner Pool, Fahrradverleih.

RESTAURANTS

Eine moderne Note pflegt Küchenchef Joaquim Almeida im €€€ **Restaurante Dom Joaquim** (Rua dos Penedos 6, Tel. 266 73 11 05, http://

Tipp

Übernachten in der Klosterzelle

In Évoras Altstadt pflegt die Pousada dos Lóios ihre Geschichte, die Ende des 15. Jh. als Kloster begann. Heute sind die Mönchszellen zu Hotelzimmern umfunktioniert, das Frühstücksbüfett steht im vormaligen Kapitelsaal. Ein Freiluftpool ergänzt das historische Flair.

€€€ **Pousada dos Lóios**, Largo Conde de Vila Flor, Évora, Tel. 266 73 00 70, www.pousadas.pt

INFOS & EMPFEHLUNGEN

restaurantedomjoaquim.pt; So.-abend und Mo. geschl.). „Süßer" Treff ist das € **Café Arcada** (Praça do Giraldo 7, Tel. 266 74 17 77, Facebook-Seite) mit eigener Kuchenproduktion.

UMGEBUNG
Der zwischen Jungsteinzeit und Kupferzeit entstandene **Cromeleque dos Almendres** (vgl. Special S. 99) TOPZIEL liegt knapp 20 km westl. von Évora; ausgeschilderte Anfahrt über den Ort Guadalupe, die letzten Kilometer auf einer Piste. Hinter Guadalupe lohnt der **Menir dos Almendres** einen Stopp. Der 4 m hohe Menhir, einsam in einem Olivenhain, ist nach kurzem Fußweg erreicht. Der Megalithkultur wird auch ein Dolmen bei **Valverde** (12 km südwestl. von Évora) zugerechnet.
Etwa 20 km nordwestl. von Évora geht es in den historischen Teppichstickerort **Arraiolos**. Auf der Fahrt nordostwärts ins knapp 50 km entfernte Estremoz passiert man das Burgdorf **Évoramonte**. Über **Estremoz** erhebt sich der Wehrturm des 1258 begonnenen Kastells; Unterkunft auf der Burg gibt die €€/€€€ **Castelo Estremoz** (Largo de D. Diniz, Tel. 268 33 20 75, www.pousadas.pt). Bei Estremoz öffnen Weinkellereien wie Herdade das Servas auf Anfrage ihre Pforten (Tel. 268 32 29 49, www.herdadedasservas.com). Außerdem gehört das Städtchen zum Marmorgebiet, das sich bis **Borba** (mit dem Marmorbrunnen Fonte das Bicas, 18. Jh.) und **Vila Viçosa** erstreckt. Der Herzogspalast (Paço Ducal; 16./17. Jh.) unterstreicht dort die Macht des Hauses Bragança allein schon durch seine 110 m breite Fassade (Di. 14.00–17.00, im Sommer bis 18.00, Mi.–So. 10.00–13.00 und Di. 14.00–17.00, im Sommer ebenfalls bis 18.00 Uhr; letzter Einlass immer 1 Std. vorher; www.fcbraganca.pt).

Deckenmalerei im Regionalmuseum Beja; Teppichstickerin in Arraiolos; Windmühle in Castro Verde

UMGEBUNG
Südöstl. und südl. stecken **Mourão** (mittelalterliche Burg) und der historische Thermal- und Kirchenort **Moura** das Gebiet des riesigen **Alqueva-Stausees** ab; Grande Lago, „Großer See", wird er genannt. Regelmäßige Bootsausflüge starten u. a. an der Südseite nahe der Staumauer beim Ort Alqueva (Alquevaline, Marina, Tel. 285 25 40 99, www.alquevaline.com).

Beja

In Beja (25 000 Einw.), heute wichtiges Zentrum der Landbevölkerung, war bereits im Eisenzeitalter der Mensch präsent. Unter den Römern hieß die Siedlung Pax Julia.

SEHENSWERT
In der Altstadt führen die Wege des Besuchers zur **Praça da República** (mit kreuzgekröntem Pranger), **Kathedrale** (Azulejos) und **Burg** (14. Jh.; April–Okt. tgl. 9.30–12.00, 14.00–17.30, sonst bis 16.30 Uhr). Der 40 m hohe Hauptturm und die Zinnenmauern sind besteigbar. In der Rua de Lisboa liegt die **Ermida de Santo André**, ein interessantes, kalkweißes Kirchlein mit Ursprung im Spätmittelalter.

MUSEEN
Im **Convento Nossa Senhora da Conceição** (15. Jh.; Largo da Conceição; Di.–So. 9.30 bis 12.30, 14.00–17.15 Uhr; www.museuregionaldebeja.pt) sind die Klosterkirche, Gemäldesammlung, Kreuzgang und Kapitelsaal, wo die Kunst im 18. Jh. mit überbordender Temperamalerei ihren Höhepunkt fand, als Regionalmuseum eingerichtet. Unweit der Burg ist die **Igreja de Santo Amaro** heute Museum zur westgotischen Kultur (Di. 14.00–17.00, Mi. bis So. 9.45–12.30, 14.00–17.00 Uhr).

UNTERKUNFT/RESTAURANTS
Stil und Klasse haben Zimmer und Restaurant der €€/€€€ **Pousada Convento Beja** (Largo D. Nuno Álvares Pereira, Tel. 284 31 35 80, www.pousadas.pt), ursprünglich Franziskanerkloster, später als Sitz eines Infanterieregiments zweckentfremdet. Ca. 25 km südwestl. von Beja setzt das Landhotel €€ **Vila Galé Clube de Campo** (Herdade da Figueirinha, Santa Vitória, Tel. 284 97 01 00, www.vilagale.com; Anfahrt ab Albernôa beschildert) Maßstäbe für Ruhesuchende. Neben Restaurant, Freiluftpool und Health Club gibt es einen Zusatzanreiz: In fast unmittelbarer Nachbarschaft öffnet das Weingut **Casa de Santa Vitória** seine Tore für Besucher und Kunden (Tel. 284 97 01 70, www.santavitoria.pt; Führungen Mo.–Sa. 11.30 und 16.00, So. nur 11.30 Uhr).

UMGEBUNG
Burgausflügler zieht es nordwestl. nach **Alvito** (Pousada) und südöstl. nach **Serpa**. Die Fallschirmsprungschule Skydive Europe (Tel. 939 90 00 09, http://skydiveeurope.com) liegt ca. 40 km westl. von Beja bei **Figueira dos Cavaleiros**. Der Erde entgegen geht es bei Kursen oder Tandemsprüngen aus 3000, 4200 oder 5000 m (auf Anfrage und gegen Aufpreis begleitet von einem Kameramann). Weitere 30 km westl. kann man in der **Serra de Grândola** einen Gebirgszug mittleren Schwierigkeitsgrads per Mountainbike erkunden. Ca. 20 km lange geführte Touren auf guten Bikes bietet Passeios e Companhia an (Rua 22 de Janeiro 2A, Grândola, Tel. 269 47 67 02, www. passeiosecompanhia.com).

INFORMATION
Im Burghof, Tel. 284 31 19 13, www.cm-beja.pt

Castro Verde

Willkommene Zwischenstation: das Städtchen Castro Verde (5000 Einw.). Ornithologen ist das Umland wegen seltener Vögel, vor allem der Großtrappen, ein Begriff.

Drehen sich die Flügel der Windmühle in Castro Verde, ist der Müller meist drinnen.

INFORMATION
Praça do Giraldo 73, Tel. 266 77 70 71, www.cm-evora.pt

Monsaraz

Das auf einem Hügel thronende, weithin sichtbare Monsaraz (700 Einw.) zählt zu den besterhaltenen mittelalterlichen Orten im Alentejo.

SEHENSWERT
Die Reste der **Burg** (13. Jh.; frei zugänglich) geben schöne Blicke über den Steinort und den nahen Alqueva-Stausee frei. Mauerverbund und Kirchplatz runden die Eindrücke ab.

UNTERKUNFT
Eine freundliche Landhausunterkunft ist die €€ **Horta da Coutada** (Ferragudo/Telheiro, Tel. 918 52 68 48, www.hortadacoutada.com).

SEHENSWERT

Im oberen Stadtteil liegt die **Basílica Real de Nossa Senhora da Conceição** (Mi.–So. 9.30/10.00–12.30, 14.00–17.30/18.00 Uhr) mit großformatigen Azulejos-Szenen (18. Jh.) im Innern; Thema ist die Schlacht von Ourique, bei der 1139 Portugals erster König Afonso Henriques die Mauren besiegte. Der Stolz des winzigen **Sakralmuseums** ist die Kopfreliquie von Papst Fabianus (Fabião), der im 3. Jh. lebte; die Silbereinfassung datiert vom Ende 13. / Anfang 14. Jh. Nicht minder erstaunlich das **Museu da Lucerna** (Largo Victor Guerreiro Prazeres; Di. bis So. 10.00–12.30, 14.00–17.30 Uhr) mit seiner exzellenten Sammlung römischer Öllämpchen, zum Teil verziert mit Göttermotiven.

EINKAUFEN

Die restaurierte Windmühle (Moinho de Vento) am Largo da Feira hat keine festen Öffnungszeiten, doch die Zeichen sind eindeutig: Drehen sich die Flügel, ist geöffnet.

INFORMATION

Rua D. Afonso I, Tel. 286 32 81 48, www.cm-castroverde.pt

Mértola

Burg und Altstadt lohnen den Stopp in Mértola (3000 Einw.), in Vorrömerzeit ein bedeutsamer Hafen- und Handelsplatz am Guadiana, im Mittelalter ein wichtiges Zentrum der Mauren und später Sitz des Ritterordens von Santiago.

SEHENSWERT

Imposant legt sich das **Kastell** (Di.–So. 9.00/9.30–12.30, 14.00–17.30/18.00 Uhr) über den Stadthügel und lädt zu Mauerspaziergang und Besuch des Hauptturms (Torre de Menagem; 13. Jh.) ein. Am Aufstiegsweg zur Burg liegt die blendend weiße **Igreja Matriz** (Di.–So. 9.00 bis 12.30, 14.00–17.30 Uhr), eine Kirche, die auf der Moschee des 12. Jh. basiert – und das sieht man ihr im Innern mit Säulen und Hufeisenbögen deutlich an! Heute verehrt man hier ein Bildnis „Unserer Lieben Frau zwischen den Weinbergen", Nossa Senhora de Entre as Vinhas. Den Fluss im Blick, bietet sich in der **Unterstadt** ein Bummel bis zum Uhrturm an (Torre do Relógio; Ende 16. Jh.).

MUSEEN

Der Begriff **Museu de Mértola** bezeichnet ein Ensemble museologischer Einheiten, die alle dieselben Öffnungszeiten haben (Di.–So. 9.15 bis 12.30, 14.00–17.15 Uhr). Im Verbund stehen u. a. die Casa Romana (Römisches Haus) und der Bereich Islamische Kunst (Núcleo Islâmico, Rua António José de Almeida 2). Ein Ausflug führt zum Minenarbeiterhaus (Casa do Mineiro) nordöstl. von Mértola in Mina de São Domingos. Die Mine brachte 1858–1966 schwefel- und kupferhaltiges Gestein hervor.

INFORMATION

Rua da Igreja 31, Tel. 286 61 01 09, www.cm-mertola.pt

Genießen   Erleben   Erfahren

Touristischer Aufgalopp

Vollblutreiter kennen den Alentejo nicht nur als Zuchtregion der Lusitano-Pferde. Vielerorts bieten Landgüter Reiterferien oder Ausritte für Gäste an und nutzen so die weite, wenig besiedelte Landschaft. Ein Beispiel ist die Herdade da Matinha.

Wiesen, Korkeichenwälder, endlose Flächen, das sind auch für Reiter bewährte Kulissen im Alentejo. In der Gemeinde Cercal do Alentejo – zwischen Ourique und der Küstenstadt Sines – hat sich in der Abgeschiedenheit die 110 ha große Herdade da Matinha auf die Reiterklientel eingestellt, mit insgesamt zehn hauseigenen Pferden, wie „Corleone" und „Viriata". Es handelt sich entweder um Lusitanos oder Kreuzungen mit Haflingern. Die zutraulichen, im Umgang mit Fremden erfahrenen Tiere geben Vertrauen und Sicherheit. Begleitete Ausritte führen durch den typisch ländlichen Raum in die umliegende Serra do Cercal. Für Kinder gibt es einen kleinen Pferde-Reit-Workshop: Pferde füttern, Pferde vorbereiten, kleine Ritte.

Auch Nichtreiter wissen die persönliche Atmosphäre und die Naturnähe bei einem Aufenthalt auf der Herdade da Matinha zu schätzen. Im Anschluss an einen Ausritt kann man gut bei einer Massage entspannen. Andere Aktivitäten, die sich auf dem Landgut starten lassen, sind Yoga und Wandern.

Herdade da Matinha

Ausritte und andere Aktivitäten für **Tagesbesucher** müssen rechtzeitig angefragt bzw. vorgebucht werden.

Die **Hausgäste** sind in sorgsam restaurierten Scheunen, Schäferhütten und Stallungen untergebracht, die sich auf zwei separate Gebäudeeinheiten verteilen.

Insgesamt stehen 22 Zimmer und Suiten zur Verfügung. Es gibt auch Familienzimmer. Die Ursprungsfunktionen sieht man den Räumlichkeiten nicht mehr an. Die Küche des Restaurants basiert auf lokalen Produkten.

Cercal do Alentejo, Tel. 933 73 92 45, **www.herdadedamatinha**

UNSERE FAVORITEN

Die tollsten Märkte

Algarve mit allen Sinnen erleben

Bunt, wimmelig, unverfälscht. Auf ihre Märkte schwirren die Einheimischen selbst mit Vorliebe aus, um sich preisgünstig mit ernte-, schlacht-, jagd- oder fangfrischen Produkten einzudecken. Für Besucher eine gute Gelegenheit, die Region mit allen Sinnen zu erleben – und natürlich einzukaufen!

1 Mercado Municipal de Loulé

Die Markthalle an der Praça da República ist ein echter Hingucker in Loulé. Samt Hufeisenbögen in neomaurischem Stil gehalten, gibt sie dem Hinterlandstädtchen der Algarve die Note eines Stücks Orient. Im Innern steckt eine Eisenträgerkonstruktion, unter der an sechs Tagen in der Woche die Geschäfte pulsieren. Die Architektur von Alfredo Campos macht die Riesenhalle zum Unikat, ist aber keine Zurschaustellung für Touristen. Bereits 1908 wurde das Bauwerk eröffnet, in einer Zeit also, in der Fremdenverkehr noch keine Rolle spielte.

Mo.–Sa. 7.00–15.00 Uhr

2 Mercado Produtor in Loulé

Eine Stimmung wie auf dem Basar, drangvolle Enge zwischen den Ständen – jeden Samstag beschert Loulé den Algarvios wie den Besuchern doppeltes Einkaufsvergnügen auf einen Streich. Dann steht rund um die orientalisch angehauchte Markthalle (siehe links) zusätzlich ein Wochenmarkt an, bei dem Kleinerzeuger ihre Produkte anbieten.

Sa. 7.00–13.30 Uhr

3 Mercado Municipal de Olhão

Wer ist die Schönste in Portugals Sonnenregion – die Markthalle in Loulé oder die im Hafenstädtchen Olhão? Beide Gebäude haben XL-Format, doch die 1912–1916 erbaute Halle an der Avenida 5 de Outobro in Olhão toppt das Ganze vielleicht noch, da es sie in zweifacher Ausfertigung gibt: eine für die sagenhafte Auswahl an Fisch und Krustentieren, die andere für die restlichen Marktprodukte. Die Architektur wird von den Backsteinwänden und den haubenartig gekrönten Seitentürmen geprägt.

Mo.–Sa. 7.00/8.00–13.00 Uhr

4 Mercado Produtor in Olhão

Ganz ähnlich wie in Loulé hat der Samstag in Olhão eine besondere Zugkraft. Dann rücken Landfrauen und Bauern zum Open-Air-Markt um die Halle an und verkaufen all das, was eben noch am Baum hing oder in der Erde steckte. Dazu gesellen sich Stände mit einem bunten Allerlei von Vogelkäfigen über Rasierpinsel bis zum Zwölferpack Socken für eine Handvoll Euro.

Sa. 7.00–13.00 Uhr

5 Mercado Municipal de Lagos

In bescheideneren Maßen präsentiert sich die Markthalle von Lagos an der Avenida dos Descobrimentos. Die Kundenströme fließen unten in die Fisch-, oben in die Obst- und Gemüseabteilung. Eine Kulturzugabe wartet ganz oben, wo der Zugang vom Marktgebäude ins Centro de Ciência Viva führt, ein kleines Museum zum Zeitalter der portugiesischen Entdeckungen (siehe S. 78).

Mo.–Sa. 7.00–15.00 Uhr

6 Mercado do Peixe de Quarteira

Hier liegt was in der Luft! Typischer, traditioneller und geruchsintensiver geht's kaum als auf dem kleinen Fischmarkt hinter dem Hafen von Quarteira. Einst wurden die Waren hier auf Karren angeliefert, wie ein Azulejos-Bild zeigt. Die Auslagen halten vor Augen, was so alles im Atlantik schwimmt: von der Sardine bis zum Seeteufel.

Mo.–Sa. 7.00–15.00 Uhr

Algarve kulinarisch: frische grüne Feigen; gegrillte Sardinen; Markthalle in Silves

Service

Viele Wege führen an die Algarve. Welche, das erfahren Sie hier ebenso wie die günstigste Reisezeit, grundlegende Geschichtsdaten und alles, was sonst noch wichtig ist.

Anreise

Mit dem Flugzeug: Dreh- und Angelpunkt in Portugals Süden ist der internationale **Flughafen von Faro**, der auf den Flugplänen diverser Airlines steht, darunter Eurowings (www.eurowings.com) und Ryanair (www.ryanair.com). Der **Flughafen Lissabon** liegt nur 130 km nordwestlich der größten Alentejo-Stadt Évora und ist ebenfalls eine Option für die Anreise. Such- und Vergleichsmöglichkeiten zu Strecken und Preisen geben Portale wie www.opodo.de oder www.fluege.de.
Über Land: Die Anreise mit dem **Auto** – je nach Ausgangsort 2500 bis 3000 km – dauert samt Übernachtungen in Frankreich und Spanien mindestens 2,5 bis 3 Tage und dürfte sich allenfalls bei einem längeren Aufenthalt lohnen. Kostenlose Routenplaner wie www.viamichelin.de berechnen Fahrzeit und Mautgebühren.
Mitfahrgelegenheiten können für manche eine interessante Option sein, z.B. über BlaBlaCar (www.blablacar.de).
Eine Anreise mit öffentlichen Verkehrsmitteln erfordert Geduld. **Europabusse** von Eurolines (Servicehotline Tel. 069 971 944 833, www.eurolines.de) benötigen z.B. ab Frankfurt a. M. rund 36 Stunden bis zur Algarve-Hauptstadt Faro, die auch ans Schienennetz angeschlossen ist. Mit der **Bahn** ist man ähnlich lange unterwegs (http://reiseauskunft.bahn.de).

Auskunft

Zuständig für Deutschland, Österreich und die Schweiz ist das Portugiesische Fremdenverkehrsamt in Berlin: Turismo de Portugal, Zimmerstr. 56, D-10117 Berlin, Tel. 030 2 54 10 671, www.visitportugal.com/de. Die Informationsbüros vor Ort sind entweder als Posto de Turismo – kurz Turismo – oder mit einem kleinen i ausgewiesen.

Autofahren

Tempokontrollen und hohe Strafen haben die Fahrweise der Portugiesen gezähmt. Devise für Auswärtige: Zügig, aber im Zweifel defensiv. **Kreisverkehre** bergen Konfliktpotenzial, denn mitunter wird direkt und ohne Blinken von der Innenkurve zur Ausfahrt ausgeschert. **Tempolimits:** 50 km/h in Ortschaften, 90 km/h auf Landstraßen und 120 km/h auf Autobahnen. Die **Alkoholgrenze** liegt bei 0,5 Promille.
In den Innenstädten sind viele **Parkplätze** gebührenpflichtig (*zona pago*; Parkscheinautomaten) oder Anwohnern vorbehalten (*zona residentes*). Außerhalb findet man oft Großparkplätze vor Strandzugängen; in der Nebensaison werden viele (kostenlose) Stellflächen an den Küsten von Wohnmobilen genutzt. Nicht zu nah an Abbruchkanten parken!
Das **Straßennetz** in Südportugal ist gut ausgebaut. Wer auf die Autobahn fährt, sieht keine Kassenhäuschen – mautpflichtig (*portagem*) sind die Strecken trotzdem. Kassiert wird eine **elektronische Maut.** Wer ein Leihfahrzeug hat, erkundigt sich vorher beim Vermieter danach und muss für das Mauterfassungsgerät einen kleinen Tagesaufpreis bezahlen. Wer im eigenen Fahrzeug unterwegs ist, muss sich über Kreditkarte und Nummernschild registrieren; abgerechnet wird per durchfahrener Kontrollpunkte über die Kreditkarte. Niemals unregistriert auf der Autobahn unterwegs sein, sonst drohen drakonische Strafen. Infos zum komplizierten Thema auf www.maut-in-portugal.info und www.portugaltolls.com. Hinweise auf **Geschwindigkeitskontrollen** (*velocidade controlada*) sollte man ernst nehmen, **Bußgelder** sind vor Ort zu bezahlen. In ländlichen Gegenden muss man mit **Pferdegespannen** und **Vieh** auf der Fahrbahn rechnen. **Tankstellen** verlangen gelegentlich eine Bezahlung im Voraus (*pré-pagamento*). Am Ostende der Algarve lohnt sich die Fahrt hinüber nach Spanien – dort tankt man billiger.

Bahn und Bus

Die Linienbusgesellschaft Rede Expressos (www.rede-expressos.pt, gebührenpflichtiges Tel. 70 7 22 33 44) unterhält zahlreiche Überlandverbindungen in der Region. Besser für lokale Verbindungen ist Eva Transportes (http://eva-bus.com). Dort gibt es das interessante Angebot eines „Algarve-Touristen-Passes", der unbegrenzte Fahrten erlaubt. Erhältlich ist der Pass für drei oder sieben Tage für 30,10 bzw. 37,50 €. Die Busstationen heißen Terminal Rodoviário. Maßgebliche Strände werden von den jeweiligen Gemeindebussen angefahren.
Das regionale Bahnnetz an der Algarve spannt sich von Vila Real de Santo António im Osten bis Lagos im Westen. Im Alentejo sind Beja und Évora ans Zugnetz angeschlossen. Streckensuche und Preisabfrage unter www.cp.pt.

Boschaften / Konsulate

Deutschland
Botschaft: Campo dos Mártires da Pátria 38, Lissabon, Tel. 218 81 02 10, www.lissabon.diplo.de

85 Kilometer lang, 250 Quadratkilometer groß: Barragem de Alqueva im Alentejo

Honorarkonsulat: Rua António Crisógono dos Santos 29, Bloco 3, Escritório I; Lagos; Tel. 28 2 79 96 68, lagos@hk-diplo.de
Österreich
Botschaft: Avenida Infante Santo 43, 4°, Lissabon, Tel. 213 94 39 00, www.bmeia.gv.at/oeb-lissabon
Schweiz
Botschaft: Travessa do Jardim 17, Lissabon, Tel. 213 94 40 90, www.eda.admin.ch/lisbon

Einkaufen

Ein authentisches Einkaufserlebnis garantieren Markthallen, wie man sie in Quarteira, Lagos und Olhão findet (siehe S. 115). Auf Wochenmärkten sind meist auch Honiggläser und kleine Flaschen mit scharfer „Piri Piri"-Soße erhältlich. Selbstversorger steuern Discounter wie „Lidl" oder „Pingo Doce" an, müssen sich aber auf ein höheres Preisniveau einstellen als zu Hause. In kleineren Orten pflegen Krämerläden, die sich mit ihrem bunten Warenangebot über die Zeit gerettet haben, den persönlichen Service.

Essen und Trinken

Zum **Frühstück** (*pequeno almoço*) lieben es die Portugiesen tendenziell süß, in Hotels hat man sich meist auf die ausländische Nachfrage nach Wurst und Käse eingestellt. Ausnahme von der süßen Regel ist die gesalzene Butter (*manteiga com sal*). In einigen Landhäusern gibt es Frühstück erst ab 8.00 oder 9.00 Uhr! Das **Mittagessen** (*almoço*) steht zwischen 12.00 und 14.30 Uhr, das **Abendessen** (*jantar*) in der Regel zwischen 19.00 und 22.00 Uhr an. Im Restaurant gibt es häufig ein Tagesgericht (*prato do dia*), den frischen Fisch des Tages (*peixe fresco do dia*), Hauptgerichte als ganze Portion (*dose*) oder halbe Portion (½ *dose*), Stockfisch (*bacalhau*), Grillgerichte (*grelhados*) und einen gemischten Salat (*salada mista*). Für die Einheimischen besteht ein richtiges Essen aus Vorspeise/Suppe, Hauptgericht und Dessert. Zum Essen bestellt man gern den einfachen Hauswein (*vinho da casa*). Zwischendurch am Tag passt immer ein kleiner schwarzer Kaffee (*café*) oder ein Milchkaffee (*café com leite*). Portugiesische Besonderheit ist der *galão*, ein Kaffee mit aufgeschäumter Milch, serviert im henkellosen Glas.

Feiertage und Feste

Nationale Feiertage sind 1. Januar (Neujahr), Karfreitag, 25. April (Jahrestag der Revolution von 1974), 1. Mai (Tag der Arbeit), Fronleichnam, 10. Juni (Nationalfeiertag), 15. August (Maria Himmelfahrt), 1. Dezember (Wiederherstellung der Unabhängigkeit), 8. Dezember (Mariä Empfängnis) und 25. Dezember (Weihnachtstag).
Eine *feira* ist im jeweiligen Ort stets ein gesellschaftliches Großereignis, ein Mix aus Jahr- und Handelsmarkt. Bedeutung haben auch Patronatsfeste und musikalische wie kulinarische Festivals.
Große Festtermine sind z. B.: **Karprozessionen** in Loulé und São Brás de Alportel; im Mai **Islamisches Festival** in Mértola (alle zwei Jahre, ungerade Jahreszahl), **Fischerfest** in Quarteira; im Frühsommer **Med-Musikfestival** in Loulé; im Juli (in der zweiten Hälfte **Schinkenfest** in Monchique; im August **Mittelalterlicher Markt** in Silves, **Meeresfrüchtefestival** in Olhão, **historische Feira** in Serpa, **Mittelalterliche Tage** gegen Monatsende in Castro Marim; um das dritte Wochenende im Oktober **Feira** von Castro Verde; ebenfalls im Oktober (gewöhnlich zu Monatsbeginn) ist das **Birdwatching Festival** in Sagres angesetzt.

Geld

Im Euroland Portugal lassen sich die Finanzvorräte an den verbreiteten **Geldautomaten** mit dem Zeichen „Multibanco" (MB) aufstocken, wofür natürlich Gebühren berechnet werden. Gängige **Kreditkarten** wie Visa werden weitgehend akzeptiert.
Bei **Eintrittsgeldern** sind Ermäßigungen für Kinder, Studenten und Senioren verbreitet.

Gesundheit

Für die medizinische Versorgung im **Gesundheitszentrum** (*centro de saúde*) oder **Krankenhaus** (*hospital*) benötigt man die Europäische Krankenversicherungskarte. Es ist überdenkenswert, zusätzlich eine private Reisekrankenversicherung abzuschließen.
Eine portugiesische **Apotheke** (*farmácia*) ist am grünen Kreuz erkennbar, die Ausstattung mit Medikamenten meist sehr gut. Samstags sind Apotheken nur vormittags geöffnet.
Die landesweite **Notrufnummer** lautet 112.

Hausnummern

Bei portugiesischen Adressen fehlt teilweise die Hausnummer, da machen Museen und Touristenbüros keine Ausnahme. Dem Auswärtigen hilft oft nur, sich durchzufragen. Portugiesen helfen im Allgemeinen gern weiter.

Daten & Fakten *(Info)*

Landesnatur: Algarve und Alentejo erstrecken sich im Südteil Portugals über 4960 km² (Algarve) bzw. 27 000 km² (Alentejo), womit gut ein Drittel der Kontinentalfläche des Landes auf die beiden Großregionen entfällt. Die Algarveküste ist über 200 km lang und setzt sich aus unterschiedlichen Abschnitten zusammen: der Sandalgarve vom Grenzfluss Guadiana bis Faro, der Felsalgarve westlich von Faro bis zum Kap São Vicente sowie der rauen, klippendurchsetzten Costa Vicentina nördlich des Kaps. Höchster Berg ist der 902 m hohe Fóia in der Serra de Monchique. Der Alentejo wendet sich mit der gut 120 km langen Costa Alentejana an den Atlantik, stößt ostwärts an Spanien und dehnt sich mit seinem Nordteil weit über die Höhe von Lissabon hinaus (für den vorliegenden Band nicht relevant). Charakteristisch sind die flachen oder leicht welligen Weiten.
Bevölkerung: Während die Algarve mit ca. 450 000 Einwohnern dicht besiedelt ist, verteilen sich über den gut fünfmal so großen Alentejo nur rund 535 000 Menschen, was einer spärlichen Besiedlungsdichte von knapp 20 Einw./km² entspricht. Größte und wichtigste Städte sind Faro (Algarve) und Évora (Alentejo).
Wirtschaft: Für die Algarve ist der Wirtschaftsfaktor Tourismus kennzeichnend, für den Alentejo die Land- und Forstwirtschaft (Oliven, Kork, Viehzucht, Weinbau). Darüber hinaus gibt es im Alentejo Marmorabbau und Kupfergewinnung; an der Algarve spielen Fischfang und Muschelzucht nach wie vor eine Rolle.

Oben: Praia do Amado; rechts: Landgut Herdade da Matinha im Alentejo.

Hotels / Unterkunft

Das Angebot reicht vom Ferienresort und Fünf-Sterne-Hotel über das Gasthaus (*estalagem, hospedaria*) und die Pension (*residencial, pensião*) bis zur Jugendherberge (*pousada de juventude*). Privatvermietungen von Apartments oder Häusern laufen über eingängige Portale wie Airbnb. Abseits der Küste sind Unterkünfte auf dem Land beliebt (*agroturismo, hotéis rurais, casas de campo*). Beliebte Hotelketten im höheren Segment sind Vila Galé (www.vilagale.com) und die Pousadas (www.pousadas.pt), die oft in historischen Gemäuern eingerichtet sind. Ausgewählte Unterkunftsadressen finden sich auf den Infoseiten, die Preise gelten pro Nacht in der Hochsaison.

Preiskategorien

€ € €	Doppelzimmer	über 140 €
€ €	Doppelzimmer	90–140 €
€	Doppelzimmer	bis 90 €

In Hotels ist Frühstück nicht automatisch im Preis enthalten. Ein Check-in ist häufig erst um 16.00 Uhr möglich, Check-out ist gewöhnlich spätestens um 12.00 Uhr. Hilfreich für die Auswahl der richtigen Unterkunft sind Portale wie www.booking.com und Kundenbewertungen, z.B. unter www.tripadvisor.de. Kundenbewertungen geben sicher eine Tendenz, sind vereinzelt aber auch mit Vorsicht zu genießen. Eine Positiv-Meinung kann von einer Einrichtung lanciert, eine Negativ-Meinung von der Konkurrenz gesteuert worden sein.
Internet: Viele Hotels und Restaurants, aber auch Einkaufszentren, öffentliche Plätze etc. bieten kosten- und kabellosen Internetzugang. WLan heißt hier Wifi.

Info

Geschichte

4./3. Jahrtausend v. Chr.: Höhepunkte der Megalith-Kultur mit zahlreichen Zeugnissen (Dolmen, Steinkreise, Menhire).
3. Jh. v. Chr.–4./5. Jh. n. Chr.: Herrschaft der Römer, belegt durch Ruinen u. a. in Évora, Milreu, Conímbriga.
8. Jh. n. Chr.: Über die Straße von Gibraltar gelangen die Mauren auf die Iberische Halbinsel und breiten sich aus; den westlichen Teil ihres Reiches nennen sie Al Gharb – daher „Algarve". Im weiteren Lauf der Geschichte steigen Mértola und Silves zu bedeutenden maurischen Stützpunkten auf.
1139: Bei der Schlacht von Ourique besiegt Afonso Henriques die Mauren.
1143: Die Unabhängigkeit Portugals wird im Friedensvertrag von Zamora vom kastilisch-leonesischen Königshaus offiziell anerkannt und damit auch Afonso Henriques als König.
1189: Eroberung von Silves.
13./14. Jh.: Gründung gewaltiger Bergfriede und Wehrkirchen.
15. Jh.: Beginn der Entdeckungsfahrten, gefördert von Prinz Heinrich dem Seefahrer (1394–1460). Expeditionen an die Westküste Afrikas, u. a. angeführt von dem aus Lagos stammenden Seefahrer Gil Eanes, und Beginn des lukrativen Sklavenhandels mit Umschlagplatz Lagos.
1495–1521: Herrschaft von König Manuel I., der die Entdeckungsreisen unterstützt und Namensgeber einer überbordenden Dekorationskunst ist (Manuelinik/Emanuelstil).
1580–1640: Portugal unter spanischer Herrschaft; nach der Loslösung stellt das Haus von Bragança mit João IV. den ersten neuen König.
1755: Ein Erdbeben und ein Tsunami erschüttern Portugal und zerstören weite Teile der Hauptstadt Lissabon.
1910–1926: Republik, mehrere Regierungswechsel und Revolten, gefolgt von diktatorischer Machtergreifung.
1939–1945: Zweiter Weltkrieg, Portugal ist neutral.
1974: Unblutiger Militärputsch („Nelkenrevolution") und Ende der Diktatur.
1986: Beitritt zur Europäischen Wirtschaftsgemeinschaft.
2002: Portugal wird Euro-Land. Beginn der Befüllung des riesigen Alqueva-Stausees im Alentejo.
2009: Nach Jahren des Aufschwungs flaut Portugals Konjunktur allmählich ab.
ab 2011: Verschärfte Auswirkungen der Schulden-, Finanz- und Wirtschaftskrise; Beginn der Finanzhilfen der EU und des internationalen Währungsfonds. Hohe Arbeitslosigkeit und Staatsverschuldung.
seit 2017/2018: Allmähliche Entspannung der Wirtschaftslage, was auch den Einnahmen durch den Fremdenverkehr zu danken ist. Bei den Touristen gibt es bei der Auswahl des Reiseziels Portugal keine Vorbehalte wegen Terrorangst oder politischer Instabilität. Die Arbeitslosigkeit fällt nach langer Zeit wieder unter die 10-%-Marke.

Internetseiten

Außer der offiziellen Seite des Portugiesischen Fremdenverkehrsamts können hilfreich sein:
www.visitalgarve.pt (Tourismusportal Algarve)
www.visitalentejo.pt (Tourismusportal Alentejo)
www.costa-alentejana.pt (Costa Alentejana, Costa Vicentina)
www.portugalforum.de, http://portugalforum.org (große Infobörsen)
http://de.rotavicentina.com (Wanderrouten Rota Vicentina), www.viaalgarviana.org (Wanderroute Via Algarviana)
www.casasbrancas.pt (Zusammenschluss von Landunterkünften, Restaurants und Anbietern von Freizeitaktivitäten an der Costa Alentejana und Costa Vicentina)

Kinder

Für Familien gibt es an der Algarve und im Alentejo viel zu entdecken: Steinkreise und Kastelle, Dolphinwatching, Katamarantrips, einen Zoo bei Bensafrim, Naturschutzgebiete mit bunter Vogelvielfalt, Wasserparks und reichlich Sandstrände. Von Anfang März bis Mitte/Ende Oktober steigt zwischen Pêra und Algoz das internationale Fiesa-Sandskulpturenfestival (www.fiesa.org), das eine Fläche von 15 000 m² einnimmt.

Klima / Reisezeit

Die meisten Gäste kommen zwischen Ostern und Herbst, doch über 3000 Sonnenstunden sprechen für die Algarve als Ganzjahresdesti-

Info

Reisedaten

Reisepapiere: Personalausweis oder Reisepass
Währung: Euro
Flug von Deutschland: Rückflugticket nach Faro ab ca. 200 €
Inlandsverkehr: Busfahrt Faro–Évora ca. 17 €
Mietwagen: Mittelklassewagen ab ca. 90 €/Woche, inkl. Basisversicherung, Freikilometer, Steuern
Benzin: Preise ähnlich wie in Deutschland
Hotel: Gehoben ab 100 €/DZ
Mittelklasse ab 70 €/DZ
Essen und Trinken: Tagesteller (einfach) ab 6 €, Menü (Luxus) ab 30 €
Karaffe Hauswein ab 5,50 €
Espresso ab 0,60 €
Ortszeit: MEZ und MESZ minus 1 Std.

---

nation. Bergketten wie die Serra de Monchique und die Serra do Caldeirão halten kühle Nordwinde zurück, während von Süden die Wärme Nordafrikas heranwehen kann. So herrscht ein ganzjährig mildes Küstenklima mit Durchschnittstemperaturen von 15° C im Winter und 24° C im Sommer. Der Alentejo zeichnet sich durch teils mediterranes, teils kontinentales Klima aus. Die dortigen Sommer sind extrem heiß und trocken, Temperaturen über 40° C keine Seltenheit.

Literatur

Andreas Drouve: Liebeserklärung an Portugal. Stürtz, Würzburg.
Eva Missler: DuMont Reisetaschenbuch Algarve. DuMont Reiseverlag, Ostfildern. Übersichtlicher Reiseführer mit Extra-Reisekarte.
Rolf Osang: Süßer Mord. Emons, Köln. Algarvekrimi mit verschiedensten nachvollziehbaren Schauplätzen. Vom selben Autor ist auch „Algarve-Rache" erschienen.
Gil Ribeiro: Lost in Fuseta. Kiepenheuer & Witsch, Köln. Die Algarve als Kulisse für einen spannenden Krimi. Es gibt auch einen zweiten Band, „Lost in Fuseta – Spur der Schatten".
José Saramago: Hoffnung im Alentejo. Hoffmann und Campe, Hamburg. Portugals Literaturnobelpreisträger erzählt das Schicksal einer Tagelöhnerfamilie.
José Saramago: Die portugiesische Reise. Hoffmann und Campe, Hamburg. Literarisch-kulturelle Tour bis zur Algarve.

Mietwagen

An den Flughäfen von Faro und Lissabon lässt sich vor der Anreise problemlos ein Auto vorbestellen, was deutlich günstiger ist als eine Miete vor Ort auf gut Glück. Der beste Anbieter mit den günstigsten Vergleichspreisen und verlässlicher Transparenz ist www.billiger-mietwagen.de (Tel. 0221 567 999 11). Stornierungen sind bis zu 24 Stunden vor Anmietung kostenlos.
An der Algarve sind die Preisspannen extrem groß. In der Nebensaison liegen die günstigsten Angebote bei 90 Euro pro Woche, während der Hauptreisezeit können die Preise drei- bis viermal so hoch sein! Eine frühzeitige Buchung empfiehlt sich.
Das Mindestalter variiert zwischen 21 und 25 Jahren, man muss mindestens ein Jahr im Besitz der Fahrerlaubnis sein. Bei der Übernahme des Wagens ist eine Kreditkarte unerlässlich.

Öffnungszeiten

Museen und Monumente haben teils auch im Sommer eine Mittagspause (12.30–14.00/15.00 Uhr). Am Montag ist fast überall geschlossen.
Banken haben in der Regel Mo.–Fr. 8.30–15.00 Uhr geöffnet, normale **Geschäfte** Mo.–Fr. 9.00/10.00–13.00 und 15.00–19.00 Uhr, Sa. nur vormittags. Dagegen öffnen **Großsupermärkte** gewöhnlich tgl. 9.00–20.00/21.00 Uhr.

Post

Briefmarken (*selos*) sind in Postämtern (*correios*; Mo.–Fr. 9.00–18.00 Uhr, manchmal muss man Nummern ziehen!) und Geschäften mit dem Zeichen „CTT Selos" erhältlich. **Briefkästen** sind rot (*correio normal*), für entsprechend frankierte Expresspost blau (*correio azul*).

Restaurants

Einige ausgewählte Restaurants sind auf den Infoseiten aufgeführt.
Die portugiesische Höflichkeit und Zurückhaltung gebieten es, sich im Restaurant von der Bedienung einen Platz zuweisen zu lassen. In Touristenorten finden sich oftmals Speisekarten in mehreren Sprachen. Werden als Appetizer Brot, Butter, Oliven und Käse hingestellt, ist dies nicht als kostenloser Service misszuverstehen! Was angerührt wird, muss gesondert bezahlt werden.

Preiskategorien

€ € €	Tagesgericht/-menü	ab 20 €
€ €	Tagesgericht/-menü	13–20 €
€	Tagesgericht/-menü	bis 13 €

Häufig haben Restaurants am Sonntagabend und montags ganztägig geschlossen.

Souvenirs

Artesanato bezeichnet Kunsthandwerk, das oftmals noch authentisch ist, und nicht „Made in China". Typische Souvenirs sind Keramikwaren und Korkprodukte wie Taschen oder Untersetzer. Auch Salatbestecke aus Olivenholz oder die beliebten bunten Schmuckkacheln (*azulejos*) eignen sich als Mitbringsel. Während Käufer eines handgestickten Teppichs aus dem Alentejo-Ort Arraiolos in der Minderzahl sein dürften, deckt man sich an der Algarve in Vila Real de Santo António gern mit Handtüchern, Tischdecken, Shirts und Schürzen ein. Gängiger Aufdruck ist das Motiv eines Hahns, der an einen unschuldig verurteilten Jakobspilger erinnert, dem im portugiesischen Barcelos ein Hahnenkrähen dazu verhalf, seine Freiheit wiederzuerlangen.

Sport

Zu Wasser, zu Land und in der Luft – den Aktivitäten sind keine Grenzen gesetzt. Surfschulen bedienen Anfänger und Fortgeschrittene, Reitcenter bieten Ausritte an, in Kajaks und Kanus werden See- und Flusswasserwege zum Erleb-

Im Alentejo, hier in Moura, geht das Leben seinen eigenen, in der Regel geruhsamen Gang.

SERVICE

nis. Tauchkurse gehören ebenso zum Angebot wie Parasailing, Kitesurfen, Wellenreiten oder Stand Up Paddling. Golfer finden zahlreiche traumhafte Plätze, darunter über drei Dutzend an der Algarve.

Wanderern stehen die großen Routen Via Algarviana und Rota Vicentina offen, Radler finden zwischen Küstensalinen und Gebirgshinterland unterschiedlichste Terrains. In den Marinas der Algarve stechen Segler in See. Das beständige Klima ermöglicht Fallschirmspringen im Alentejo das ganze Jahr über.

Sprache

Portugiesen sprechen durchweg ein gutes Englisch – Deutsch darf man auch im internationalen Tourismusgeschäft nicht zwangsläufig erwarten. Manche, vor allem ältere Menschen, sind allerdings nur in ihrer eigenen Sprache zu Hause, die sich durch ein starkes Zusammenziehen der Silben auszeichnet, verbunden mit leichten Zischlauten.

Für Besucher wichtige Begriffe sind u. a. *cabo* (Kap), *capela* (Kapelle), *castelo* (Festung), *convento* (Kloster), *igreja* (Kirche), *lagoa* (Lagune), *museu* (Museum), *praça* oder *largo* (Platz), *praia* (Strand), *porto* (Hafen), *rio* oder *ribeira* (Fluss/Bach), *serra* (Gebirge), *cidade* (Stadt) und *rua* (Straße).

Strände

Die Atlantikstrände zeichnen sich durch extrem starke, meterhohe Unterschiede zwischen Ebbe und Flut aus. Ebenso unterschiedlich ist die Infrastruktur: Mal gibt es Duschen, Toiletten und ein Restaurant, mal Sonnenschirm- und Liegenverleih, mal nichts, was an Zivilisation erinnern oder Schatten spenden würde. Daher gilt: Creme und Sonnenschutz nicht vergessen! Oben ohne ist weit verbreitet, ein offizieller Nacktbadestrand stets als *praia naturista* ausgewiesen.

Telefon

Das eigene **Handy** ist stellt sich automatisch auf den frequenzstärksten Netzbetreiber ein. Seit dem Wegfall der Roaming-Gebühren ist das Telefonieren entspannter. Über Mobilfunkbetreiber wie Vodafone und MEO sind Prepaid-Karten erhältlich.

Bei Gesprächen aus Portugal ins Ausland wählt man die **internationale Vorwahl** 00, danach die Landeskennzahl (Deutschland 49, Österreich 43, Schweiz 41) und die Ortsvorwahl ohne 0. Die internationale Vorwahl nach Portugal lautet 00351. Im Land muss stets die ganze neunstellige Rufnummer gewählt werden. Handynummern beginnen mit 9.

Info

Wetterdaten

Faro	TAGES-TEMP. MAX.	TAGES-TEMP. MIN.	WASSER-TEMP.	TAGE MIT NIEDER-SCHLAG	SONNEN-STUNDEN PRO TAG
Januar	15°	9°	15°	7	6
Februar	16°	10°	15°	6	7
März	18°	11°	15°	8	7
April	20°	13°	16°	5	9
Mai	22°	14°	17°	3	10
Juni	25°	18°	18°	1	12
Juli	28°	20°	19°	0	12
August	28°	20°	20°	0	12
September	26°	19°	20°	2	10
Oktober	22°	16°	19°	4	8
November	19°	13°	17°	7	6
Dezember	16°	10°	16°	7	6

Viele Besucher kommen allein wegen der traumhaften Golfplätze an die Algarve – hier die 18-Loch-Anlage Vale da Pinta bei Lagoa.

Register

Fette Ziffern verweisen auf Abbildungen.

A/B
Albufeira **8/9**, **44**, **45**, 47, 57
Alcoutim **26**, 29, 31, 38, 53
Algar Seco **69**, **77**
Aljezur **84**, **91**
Almancil **47**, 51
Alte **47**, 56
Alvito 103, 112
Armação de Pêra **10/11**, 77, 79
Arraiolos 101, **112**
Azenha do Mar 87, 92
Barragem de Alqueva 29, **103**, 105, 112, **117**
Barragem de Odeleite **26/27**, 38
Barragem de Santa-Clara-a-Velha 92
Beja **104**, **105**, **112**
Borba 101, 112
Brejão 83, 91
Burgau 67, 78

C
Cabo de São Vicente 53, **73**, 79
Cabo Sardão **92**
Cacela Velha **22/23**, **28**, 31, **38**
Caldas de Monchique **63**, **75**, **78**
Carrapateira **83**, 91
Carvoeiro **61**, 67, 77
Castro Marim 25, **27**, 38, 39
Castro Verde 101, 112, 113
Cromeleque dos Almendres **99**, 112
Culatra 43, 45, 55, 56

E
Estoi **49**, **55**
Estombar 77
Estremoz 101, **102**, 105, 112
Évora **96**, **97**, **99**, **111**
Évoramonte **98**, 112

F
Faro **40/41**, **50**, **51**, 55, 56, 57
Farol 43, 45, 55
Ferragudo **60**, 77
Figueira dos Cavaleiros 101, 112
Fóia (Berg) 53, **62**, 69, 78
Fuseta **43**, 55

I
Ilha da Culatra 43, 45, 55, 56
Ilha de Faro 56
Ilha Deserta 55
Ilha Tavira 39

L
Lagoa **77**, **120**
Lagoa de Santo André 93
Lagoa dos Salgados 77, 79
Lagos **12/13**, **14/15**, 61, 63, 65, **66**, **67**, **68**, **78**, **115**
Loulé **46**, 56, **114**
Luz 78

M
Marina de Vilamoura **44**, 47, 56
Meia Praia 65, 77
Menir dos Almendres 112
Mértola **100**, 113
Milreu **48**, 51, 55
Miróbriga **85**, 93
Monchique 78
Monsaraz **94/95**, **103**, 105, 112
Monte Gordo 37
Moura **103**, 112, **119**
Mourão 112

O/P/Q
Odeceixe **85**, 92
Odemira 92
Olhão **42**, **43**, **55**, **115**
Pedralva **88**, **89**, 89
Ponta da Piedade 65, **70**, **71**, 78
Portimão 67, 77, **89**
Praia da Amália 87
Praia da Amoreira 91
Praia da Arrifana 91
Praia da Bordeira 91
Praia da Cordoama **80/81**, 91
Praia da Falésia **20**, 21, 49, 56, 57
Praia da Franquia 21, 92
Praia da Manta Rota 37
Praia da Rocha **60**, 67, 77
Praia das Furnas 20, **21**, 92
Praia de Beliche 20, 67, 79
Praia de Benagil **60**, 77
Praia de Faro **21**, **21**, **56**
Praia de Monte Clérigo 91
Praia de Santo André **92**, 93
Praia de Santo António **21**
Praia de Vale Figueiras 91
Praia do Almograve 92
Praia do Amado **20**, **82**, **83**, **91**, **93**, **118**
Praia do Carvalhal 92
Praia do Carvoeiro **61**, 77
Praia do Castelejo **82**, 91
Praia do Farol 92
Praia do Forte Novo 49, 56
Praia do Martinhal 67, 79
Praia Dona Ana 20, **58/59**, 69
Praia do Paraíso 77
Praia dos Alteirinhos 92
Praia dos Pescadores **8/9**, **44**, 47, 57, 77
Praia do Zavial 67, 79
Praia Verde **24**, 37
Quarteira 34, 49, 56, 115
Quinta do Lago 49, 53, 56, 57

R
Raposeira 67, 79
Reguengos de Monsaraz 101
Reserva Natural do Sapal 25, 38, 39
Ria de Alvor **77**, **79**
Ria Formosa **22/23**, **28**, 31, 37, 38, 43, **53**, **55**, 57
Rio Arade **60**, 69, 77
Rio Gilão **28**, 31, 38
Rio Guadiana **24**, 25, **26**, 29, **37**, 38, **39**, **100**, 113
Rio Mira **86**, 92
Rota Vicentina **52**, **53**, 83, **84**, 85, 92

S/T
Sagres **72**, 79
Salema **72**
Salir 56
Santiago do Cacém 53, 85, **86**, 93
São Brás de Alportel **48**, 51, 56, 106, **108**
Serpa **101**, **104**, 105, 112
Serra de Grândola 103, 112
Serra de Monchique **62**, 69, 73, 78
Silves **64**, 69, 77, **116**
Tavira **28**, **29**, 31, **38**, 39

V/Z
Valverde 112
Via Algarviana 38, **52**, **53**
Vila do Bispo 73, **78**, 79
Vilamoura 47, 56
Vila Nova de Milfontes 83, **86**, 92
Vila Real de Santo António **24**, **25**, 27, 29, **37**, 39
Vila Viçosa 101, 105, 112
Zambujeira do Mar **84**, 85, 91, 92

Impressum

3. Auflage 2018
© DuMont Reiseverlag, Ostfildern

Verlag: DuMont Reiseverlag, Postfach 3151, 73751 Ostfildern, Tel. 0711/4502-0, Fax 0711/4502-135, www.dumontreise.de
Geschäftsführer: Dr. Thomas Brinkmann, Dr. Stephanie Mair-Huydts
Programmleitung: Birgit Borowski
Redaktion: Achim Bourmer
Text und Aktualisierung: Dr. Andreas Drouve
Exklusiv-Fotografie: Sabine Lubenow
Titelbild: Corbis/Grand Tour/Luca da Ros
Zusätzliches Bildmaterial: S. 20 o. fotolia/womue; 20 u.l., u.r., 21 o.l., o.r., u.r. Andreas Drouve; 21 u.l. fotolia/Oskar; 33 l. Gerhard Westrich/laif; 34 o. James Rajotte/NYT/Redux/laif; 34 u. Laurence Mouton/PhotoAlto/laif; 37 r.u. DuMont Bildarchiv/Thomas P. Widmann; 39 o. fotolia/jules; 53 u. mauritius images/Alamy; 56 o.l. Andreas Drouve; 74 l. Cascade Wellness & Lifestyle Resort, Lagos; 74 r. Bela Vista Hotel & Spa, Portimão; 75 o.l. Villa Termal das Caldas de Monchique Spa Resort; 75 o.r. Vilalara Thalassa Resort, Lagoa; 75 u.l. Sheraton Algarve, Albufeira; 75 u.r. Epic Sana Algarve Hotel, Albufeira; 78 l. Andreas Drouve; 79 o. fotolia/iluzia; 91 o.r. mauritius images/John Warburton-Lee; 92 o.r. Jens Schwarz/laif; 107 r.o. picture-alliance/dpa/Christian Volbracht; 107 r.u. Huber H.-B./laif; 109 DuMont Bildarchiv/Thomas P. Widmann; 111 r.u., 112 o.l., r.u. mauritius images/Alamy; 114 o. fotolia/Mariusz Blach; 114 u.l. Andreas Drouve; 114 u.r., 115 o.l. mauritius images/Alamy; 115 u.l., u.r. Andreas Drouve; 116 l. mauritius images/imageBROKER/Maria Breuer; 116 r.u. mauritius images/Michael Howard

Grafische Konzeption, Art Direktion: fpm factor product münchen
Cover Gestaltung: Neue Gestaltung, Berlin
Layout: Stephanie Hugel
Kartografie: © MAIRDUMONT GmbH & Co. KG, Ostfildern
Kartografie Lawall (Karten für „Unsere Favoriten")
DuMont Bildarchiv: Marco-Polo-Straße 1, 73760 Ostfildern, Tel. 0711/4502-266, Fax 0711/4502-1006, bildarchiv@mairdumont.com

Für die Richtigkeit der in diesem DuMont Bildatlas angegebenen Daten – Adressen, Öffnungszeiten, Telefonnummern usw. – kann der Verlag keine Garantie übernehmen. Nachdruck, auch auszugsweise, nur mit vorheriger Genehmigung des Verlages. Erscheinungsweise: monatlich.

Anzeigenvermarktung: MAIRDUMONT MEDIA, Tel. 0711/4502-0, Fax 0711/4502-1012, media@mairdumont.com, http://media.mairdumont.com
Vertrieb Zeitschriftenhandel: PARTNER Medienservices GmbH, Postfach 810420, 70521 Stuttgart, Tel. 0711/7252-212, Fax 0711/7252-320
Vertrieb Abonnement: Leserservice DuMont Bildatlas, Zenit Pressevertrieb GmbH, Postfach 810640, 70523 Stuttgart, Tel. 0711/7252-265, Fax 0711/7252-333, dumontreise@zenit-presse.de
Vertrieb Buchhandel und Einzelhefte: MAIRDUMONT GmbH & Co KG, Marco-Polo-Straße 1, 73760 Ostfildern, Tel. 0711/4502-0, Fax 0711/4502-340
Reproduktionen: PPP Pre Print Partner GmbH & Co. KG, Köln
Druck und buchbinderische Verarbeitung: NEEF + STUMME premium printing GmbH & Co. KG, Wittingen, Printed in Germany

Lieferbare Ausgaben

Spektakuläre Landschaftseindrücke bieten sich in Norwegens Norden vielerorts.

Lissabon hat tolle Aussichtsplätze, an denen man den Tag herrlich verplaudern kann.

Lissabon

Die Schöne am Tejo
Lissabon – das sind mittelalterliche Gassen, romantische Plätze, aber auch hochmoderne strahlend weiße Architektur: die Highlights der portugiesischen Hauptstadt in vier grandios bebilderten Kapiteln.

Sehnsucht und Trauer
Dafür steht Fado. Der melancholische Gesang ist heute so präsent wie noch nie, wir stellen die besten Fadolokale vor.

Raus aus der Stadt
Die schönsten Ziele in der Umgebung: Cascais und Estoril, Sintra, Óbidos, Batalha, Alcobaça, Mafra und Tomar.

Norwegen Norden

Von Trondheim zum Nordkap
Trondheim ist das Tor zum hohen Norden. Dahinter beginnen Weite und Einsamkeit. Für die Fahrt zum Nordkap sollte man sich Zeit lassen, der Weg ist das Ziel!

Wale ganz nah
Interview mit Geir Maan, Kapitän eines Bootes für Walsafaris, die nach Einschätzung von Biologen, die riesigen Säuger nicht stören.

Mit dem Postschiff unterwegs
5000 km, 34 Häfen und mehr als 100 Fjorde, das sind die Hurtigruten. Welche Schiffe heute auf der Route verkehren, päsentieren wir Ihnen im DuMont Thema.

www.dumontreise.de

DEUTSCHLAND
- 119 Allgäu
- 092 Altmühltal
- 105 Bayerischer Wald
- 180 Berlin
- 162 Bodensee
- 175 Chiemgau, Berchtesgadener Land
- 013 Dresden, Sächsische Schweiz
- 152 Eifel, Aachen
- 157 Elbe und Weser, Bremen
- 168 Franken
- 020 Frankfurt, Rhein-Main
- 112 Freiburg, Basel, Colmar
- 028 Hamburg
- 026 Hannover zwischen Harz und Heide
- 042 Harz
- 023 Leipzig, Halle, Magdeburg
- 131 Lüneburger Heide, Wendland
- 188 Mecklenburgische Seen
- 038 Mecklenburg-Vorpommern
- 033 Mosel
- 190 München
- 047 Münsterland
- 015 Nordseeküste Schleswig-Holstein
- 006 Oberbayern
- 161 Odenwald, Heidelberg
- 035 Osnabrücker Land, Emsland
- 002 Ostfriesland, Oldenburger Land
- 164 Ostseeküste Mecklenburg-Vorpommern
- 154 Ostseeküste Schleswig-Holstein
- 201 Pfalz
- 040 Rhein zw. Köln und Mainz
- 185 Rhön
- 186 Rügen, Usedom, Hiddensee
- 137 Ruhrgebiet
- 149 Saarland
- 182 Sachsen
- 081 Sachsen-Anhalt
- 117 Sauerland, Siegerland
- 159 Schwarzwald Norden
- 045 Schwarzwald Süden
- 018 Spreewald, Lausitz
- 008 Stuttgart, Schwäbische Alb
- 141 Sylt, Amrum, Föhr
- 142 Teutoburger Wald
- 170 Thüringen
- 037 Weserbergland
- 173 Wiesbaden, Rheingau

BENELUX
- 156 Amsterdam
- 011 Flandern, Brüssel
- 179 Niederlande

FRANKREICH
- 177 Bretagne
- 021 Côte d'Azur
- 032 Elsass
- 009 Frankreich Süden Okzitanien
- 019 Korsika
- 071 Normandie
- 001 Paris
- 198 Provence

GROSSBRITANNIEN/IRLAND
- 187 Irland
- 130 London
- 189 Schottland
- 030 Südengland

ITALIEN/MALTA/KROATIEN
- 181 Apulien, Kalabrien
- 017 Gardasee, Trentino
- 110 Golf von Neapel, Kampanien
- 163 Istrien, Kvarner Bucht
- 128 Italien, Norden
- 005 Kroatische Adriaküste
- 167 Malta
- 155 Oberitalienische Seen
- 158 Piemont, Turin
- 014 Rom
- 165 Sardinien
- 003 Sizilien
- 140 Südtirol
- 039 Toskana
- 091 Venedig, Venetien

GRIECHENLAND/ZYPERN/TÜRKEI
- 034 Istanbul
- 016 Kreta
- 176 Türkische Südküste, Antalya
- 148 Zypern

MITTEL- UND OSTEUROPA
- 104 Baltikum
- 094 Danzig, Ostsee, Masuren
- 169 Krakau, Breslau, Polen Süden
- 044 Prag
- 193 St. Petersburg

ÖSTERREICH/SCHWEIZ
- 192 Kärnten
- 004 Salzburger Land
- 196 Schweiz
- 144 Tirol
- 197 Wien

SPANIEN/PORTUGAL
- 043 Algarve
- 093 Andalusien
- 150 Barcelona
- 025 Gran Canaria, Fuerteventura, Lanzarote
- 172 Kanarische Inseln
- 199 Lissabon
- 124 Madeira
- 174 Mallorca
- 007 Spanien Norden, Jakobsweg
- 118 Teneriffa, La Palma, La Gomera, El Hierro

SKANDINAVIEN/NORDEUROPA
- 166 Dänemark
- 153 Hurtigruten
- 029 Island
- 200 Norwegen Norden
- 178 Norwegen Süden
- 151 Schweden Süden, Stockholm

LÄNDERÜBERGREIFENDE BÄNDE
- 123 Donau – Von der Quelle bis zur Mündung
- 112 Freiburg, Basel, Colmar

AUSSEREUROPÄISCHE ZIELE
- 183 Australien Osten, Sydney
- 109 Australien Süden, Westen
- 195 Costa Rica
- 024 Dubai, Abu Dhabi, VAE
- 160 Florida
- 036 Indien
- 027 Israel, Palästina
- 111 Kalifornien
- 031 Kanada Osten
- 191 Kanada Westen
- 171 Kuba
- 022 Namibia
- 194 Neuseeland
- 041 New York
- 184 Sri Lanka
- 048 Südafrika
- 012 Thailand
- 046 Vietnam